Fantasiereisen
Entspannungsreisen
Traumreisen

Praxiserprobte Skripte für Fantasiereisen

Ein Handbuch für Anwender und Anwenderinnen im
Alltag und zur Unterstützung von Hypnose-
Anwendungen in der Praxis

Kerstin Ursula Lang

Bibliografische Information der Deutschen Nationalbibliothek:
Die Deutsche Nationalbibliothek verzeichnet diese Publi-
kation in der Deutschen Nationalbibliografie; detaillierte
bibliografische Daten sind im Internet über http://d-nb.de
abrufbar

Herstellung und Verlag: Books on Demand GmbH,
Norderstedt

ISBN: 9-783-8482-0634-6

Die Autorin

Kerstin Ursula Lang, geb. 1964, ist gelernte Arzthelferin. Seit je her galt ihr Interesse medizinischen Themen, insbesondere psychosomatischen Beschwerden und Krankheiten sowie alternativen Therapiemethoden und Naturheilkunde.

Seit einigen Jahren ist sie ausgebildete Hypnosepraktikerin. Weitere Ausbildungen in klassischer Massage, Wellness-Massagen und Dorn-Breuss-Anwendungen folgten.

Kerstin Ursula Lang lebt mit ihrer Familie im Sauerland.

Aktuelle Informationen und weitere Buchprojekte finden Sie auf der Homepage *www.kerstin-ursula-lang.de*

Wichtiger Hinweis!
Die in diesem Buch entwickelten Fantasiereisen dienen dem allgemeinen Wohlbefinden, der Entspannung und Vitalisierung Ihres Körpers. Sie dienen NICHT zu therapeutischen Zwecken und ersetzen NICHT die Tätigkeit eines Mediziners, Psychotherapeuten oder Heilpraktikers!

Inhaltsverzeichnis

Vorwort

Die Ausdrucksweise in meinen Skripten ist bewusst unkompliziert und verständlich gehalten.

Nach meiner Ausbildung zur Hypnosepraktikerin suchte ich nach Texten, um das Erlernte in der Praxis bei meinen Klienten anzuwenden. Unzählige Stunden verbrachte ich mit der Suche nach geeigneter Literatur, nach brauchbaren Skripten. Die meisten gefielen mir nicht. Viele waren zu schlicht und allgemein gehalten, manche hatten meiner Meinung nach zu viele esoterische Passagen und andere waren einfach zu ausschweifend oder hatten eine zu schwülstige Ausdrucksweise, mit der ich mich nicht hätte identifizieren können.

Was lag da näher, als Skripte selbst zu entwerfen und anzufertigen? Im Laufe der Zeit sammelte sich eine beachtliche Anzahl an. Jeder Klient wählte selbst aus, wohin seine Fantasiereise gehen sollte. Je nach Stimmungslage und manchmal auch nach Jahreszeit. Eine Reise an den feinen Sandstrand, während es draußen stürmt oder schneit? Eine Reise in den Winterwald, während die Sonne vom Himmel brennt. Jeder Klient hat seine individuellen Vorlieben.

Zusätzlich beinhaltet dieses Buch ein neutral gehaltenes Skript, mit dem der Klient/Anwender seinen ganz persönlichen (vielleicht geheimen) Wunschort visualisieren kann.

Die Fantasiereisen können ohne viel Aufwand und ohne große Vorbereitungen sofort durchgeführt werden. Sie sind in erster Linie zum privaten Gebrauch gedacht (Anwender/ Anwenderin plus Partner/Partnerin).

Weiterhin bieten die in diesem Buch enthaltenen Skripte eine gute Arbeitsgrundlage für angehende Hypnotiseure.

Ich habe bewußt auf Texte zur Rauchentwöhnung, Gewichtsreduktion oder Behandlung von Phobien etc. verzichtet. Bei diesen therapeutischen Anwendungen müssen viele verschiedene Dinge beachtet werden und gehören daher ausschließlich in erfahrene Hände.

Da ich mich vor kurzem aus meiner Praxis zurückgezogen habe, um mich neuen Projekten zu widmen, war es mir ein Anliegen, diese Skripte zu veröffentlichen. Gerne möchte ich mit diesen Texten angehenden Hypnosetherapeuten eine Hilfestellung für den Praxisalltag geben.

Leser/Leserinnen, die die Texte zusammen mit einem Partner/in anwenden, aber auch viele Therapeuten wissen die Schlichtheit der Skripte zu schätzen. Denn dank des jeweils gleich gestalteten Grundgerüstes lassen sich unzählige weitere, auch ganz individuelle, Fantasiereisen anfertigen.

Lassen Sie Ihrer eigenen Fantasie einfach freien Lauf!

Einführung

In der heutigen Zeit gewinnt das Thema Entspannung immer größere Bedeutung.
Anspannung, Stress, Burn-Out-Syndrom - wir alle kennen die Schlagzeilen. Selbst die Freizeit wird häufig dermaßen mit Aktivitäten vollgepackt, dass von Entspannung keine Rede mehr sein kann. Umso wichtiger ist es, immer wieder für ausgleichende Ruhephasen zu sorgen.

Entspannungsmethoden wie Yoga, Autogenes Training, Progressive Muskelentspannung nach Jacobson, Meditation usw. werden sicher auch in Ihrer Umgebung in Kursen angeboten und erfreuen sich wachsender Beliebtheit. Immer mehr Menschen sind auf der Suche nach einem Ausgleich zum anstrengenden Alltag.
Das Ziel all dieser Methoden ist es, frisch und entspannt in den Alltag zurückzukehren.

Fantasiereisen oder **Traumreisen** zählen zu den imaginativen Entspannungsmethoden. Der Zuhörer wird in eine andere Welt geführt. Durch die dabei erzeugten Bilder wird ein tiefer Entspannungs- und Ruhezustand erreicht. Mit ein wenig Übung lässt sich dieser Zustand sehr schnell erreichen.
Je tiefer Sie in die Entspannung hineingehen, um so wohler werden Sie sich fühlen. Jeder einzelne Muskel im Körper wird gelockert. Sie spüren eine angenehme Schwere, eine wohltuende Müdigkeit, während ihr Geist hellwach ist und die Suggestionen des Erzählers aufnimmt.

Der Muskeltonus wird herabgesetzt. Blutdruck, Puls und Herzfrequenz werden gesenkt.

In diesem Buch finden Sie verschiedene Skripte für Fantasiereisen. Das Grundgerüst dieser Reisen bleibt dabei immer gleich. Es beginnt mit einer Tiefenentspannung, im Anschluss daran findet die eigentliche Fantasiereise statt. Am Ende steht die Ausleitung aus dem tranceähnlichen Zustand.

Sie können wählen zwischen zehn vorgefertigen Reisen. Weiterhin bietet Ihnen dieses Buch eine „neutrale" Reise, die Sie nach eigenen Wünschen gestalten können. Das bedeutet, Sie stellen sich Ihren Lieblingsort selbst vor. Ganz so, wie Sie ihn mögen oder wie Sie ihn kennen. Vielleicht gibt es einen Ort auf dieser Welt, der für Sie eine ganz besondere Bedeutung hat? Den Sie mit einem ganz besonderen Menschen verbinden? Dann wählen Sie dieses Skript und lassen Ihrer Fantasie freien Lauf. Vielleicht machen Sie es auch abhängig von der Tagesform, welchen Ort sie wählen? Das bleibt ganz allein Ihnen überlassen. Wichtig ist, dass Sie sich bei der Reise wohlfühlen und dass Sie anschließend entspannt zum Alltagsgeschehen übergehen können.

In die einzelnen Texte sind verschiedene Sinneseindrücke integriert:

*** Sie hören nicht einfach nur zu …
Sie riechen, Sie schmecken, Sie fühlen die
Bilder!***

Aufbau einer Fantasiereise

Einleitung
Die Fantasiereise beginnt mit einer Einleitung in den Entspannungszustand.
Einzelne Muskelpartien werden gelockert und Sie werden spüren, wie Sie immer tiefer in den entspannten Zustand hineingleiten.

Ihre Atmung wird gleichmäßiger, der Muskeltonus wird herabgesetzt und Blutdruck, Puls und Herzfrequenz werden gesenkt, während Sie in einen trance-ähnlichen Zustand hineingleiten. Der Körper fühlt sich angenehm schwer an. Ihre Aufmerksamkeit wird bewußt in Ihr Inneres gelenkt.

Anfangs mögen Sie vielleicht noch ein wenig Zeit benötigen, um in die tiefe Entspannung zu gelangen. Von Mal zu Mal jedoch geraten Sie schneller in die sanfte Trance. Dies ist nicht zuletzt abhängig von Ihrer Tagesform. Daher ist es wichtig, den richtigen Zeitpunkt zu wählen, um nicht zu sehr durch Geräusche von außen gestört zu werden.

Hauptteil
Die eigentliche Fantasiereise beginnt, wenn die Entspannung tief genug ist. Das sollte nach der Einleitung der Fall sein.
Sie lauschen weiterhin der Stimme des Erzählers, fallen noch tiefer in den angenehmen Ruhezustand. Sie tauchen in die Bilder hinein, visualisieren diese und spüren z.B. die Sonne im Gesicht, Sie fühlen

11

den Wind auf der Haut und Sie riechen das salzige Meerwasser oder den Duft der Blumen auf der Wiese.

Ausleitung
Die Ausleitung aus der Trance ist wichtig, um wieder in die Realität zurückzukehren!
Hierbei wird der Erzähler Sie behutsam führen.

Während der Ausleitung werden Sie langsam wieder ins Hier und Jetzt geführt. Ihre Atmung, Blutdruck und Puls erreichen wieder die für Sie normalen Wachwerte. Im Anschluss an Ihre Fantasiereise werden Sie sich fit und erholt und sehr entspannt fühlen.

Die Reise sollte keinesfalls abrupt enden!
Lassen Sie die Bilder langsam ausklingen, strecken und dehnen Sie Ihren Körper. Im Anschluss an die Fantasiereise sollten die Beteiligten über das Erlebte sprechen.

Mögliche Fragestellungen:

- Hat dir die Reise gefallen?
- Konntest du richtig entspannen?
- Welche Eindrücke hast du bekommen?
- Wie hast du die Reise erlebt?
- Was hast du gefühlt?
- Was hat dir gut, was weniger gut gefallen?

Der Erzähler sollte den Fantasiereisenden einfach berichten lassen. Erlebnisse oder Gefühle sollten dabei nicht bewertet werden.

Was Sie benötigen

Für Ihre Fantasiereise sollten Sie die nötige Atmosphäre schaffen.

Nehmen Sie sich eine gute Stunde Zeit und sorgen Sie dafür, dass während dieser Zeit sämtliche Störungen ausgeblendet werden. Nach Möglichkeit sollte die Türklingel und das Telefon für diesen Zeitraum abgestellt werden.

Suchen Sie sich eine Person Ihres Vertrauens, die die Rolle des Erzählers übernimmt. Das kann Ihr(e) Partner(in) sein, oder ein(e) gut(er) Freund(in). Wichtig ist, dass Sie sich bei Ihrem Erzähler gut aufgehoben fühlen.

Der Erzähler sollte langsam, deutlich und mit fester Stimme sprechen. Zwischen den Sätzen (im Skript markiert durch Punkte) sollten immer wieder Pausen von einigen Sekunden eingehalten werden, damit Sie die Bilder, die vor Ihrem inneren Auge auftauchen, visualisieren können.

Haben Sie keinen Partner? Kein Problem! Sie können die Fantasiereisen selbstverständlich auch alleine durchführen. Viele meiner Klienten nehmen die Skripte (natürlich mitsamt Einleitung und Ausleitung!) auf eine CD auf. Sollten Sie am Computer nicht so versiert sein, tut es auch der gute, alte Kassettenrecorder.

Machen Sie es sich so bequem wie eben möglich. Die tiefste Entspannung wird im Liegen erreicht, bei geschlossenen Augen. Im Idealfall liegen Sie z.B. auf einer Relaxliege.

Um noch besser entspannen zu können, lassen Sie im Hintergrund Musik laufen. Diese Hintergrundmusik sollte gerade so laut sein, dass sie vom Unterbewusstsein aufgenommen wird. Empfehlenswert sind leichte Klavierstücke, Wellness-Musik oder tibetanische Klänge. Sie finden im Internet eine reichhaltige Auswahl an Entspannungs-CD's.

Besonders effektiv wirken Fantasiereisen, wenn Sie – je nach Wunschort – eine CD mit entsprechenden Naturgeräuschen auflegen. Die Reise zum feinen Sandstrand wirkt noch intensiver mit Meeresrauschen im Hintergrund. Und für die Reise auf eine bunte Blumenwiese empfiehlt sich Vogelgezwitscher. Oder wie wäre es mit weihnachtlichen Glockenklängen bei der Reise in den Winterwald?

Entscheiden Sie selbst, bei welcher Musik Sie am liebsten entspannen möchten.

Und wenn Sie am liebsten Rockmusik hören – dann wählen Sie die!

Wobei helfen Fantasiereisen?

- Zur allgemeinen Entspannung

- Zum allgemeinen Wohbefinden

- Bei leichten Ängsten

- Bei Konzentrationsstörungen

- Bei Schlafstörungen

- Bei Stress / Belastungen

- Bei Verspannungen

Wichtig Anmerkung!

Die in diesem Buch enthaltenen Fantasiereisen haben **keinen** medizinisch-therapeutischen Inhalt. Sie dienen nicht dem Ziel, Krankheiten oder psychische Störungen zu behandeln!

Kontraindikationen

Fantasiereisen sollten nicht angewandt werden bei

- traumatisierten Personen
- Personen mit schweren psychischen Störungen

Diese Personen gehören in die Hände eines erfahrenen Psychotherapeuten.

Was Sie noch beachten sollten

Der Zuhörende soll sich in die Fantasiewelt hinein-versetzen können und sich wohlfühlen. Dabei ist es wichtig, dass keine negativen Erlebnisse mit der Reise in Verbindung stehen.

Erklärung:
Es sollte z.B. keine Fantasiereise in die Bergwelt der Alpen gemacht werden, wenn der Zuhörende einen Angehörigen beim Bergsteigen verloren hat.
Ebenso ist es nicht zu empfehlen, jemanden mit extremen Allergien auf Gräser, Insekten und Pollen auf eine blühende Blumenwiese zu schicken. Hier wäre eine wirksame Entspannung vielleicht gar nicht möglich.

Anfangs werden Ihre Gedanken vermutlich immer mal zu Alltagsdingen abschweifen. Die vermasselte Klassenarbeit des Juniors, die unerwartet hohe Rechnung für die Reparatur der Familienkutsche, der bevorstehende Besuch der Schwiegereltern oder der Ärger im Job.

Das ist völlig normal!

Lassen Sie diese Gedanken kommen, aber bleiben Sie nicht an ihnen hängen. Schieben Sie sie weg – vielleicht mit der nächsten Wolke, die am Himmel über dem blauen Meer schwebt. Nach wenigen Sitzungen werden Sie spüren, dass Sie es immer besser schaffen, sich ausschließlich auf die innere Reise zu konzentrieren!

Interaktive Fantasiereisen

Machen Sie Ihre Fantasiereise zu einem besonderen Erlebnis, in dem Sie interaktive Teile einfügen.
Es ist denkbar einfach.
Sie stellen dem Entspannenden zu Beginn der Fantasiereise (jedoch *nach* der Entspannungseinleitung), während der Fantasiereise oder kurz vor Ende der Reise verschiedene Fragen, die dann beantwortet werden können.
Der „Reisende" lässt dabei weiter die Augen geschlossen, damit er nicht aus der Entspannung herausgeholt wird und gibt die Eindrücke wieder, die er gerade vor seinem inneren Auge erlebt.

Mögliche Fragen:

Wo befindest du dich gerade?

Bist du in Gesellschaft oder alleine?

Fühlst du dich wohl?

Gibt es etwas, was dich stört und warum?

Welche Kleidung trägst du?

Was siehst du zu deiner Rechten (oder Linken)?

Es gibt vielfältige Fragen, die der Erzähler während der Entspannungsreise stellen kann. Sicher haben Sie weitere Ideen für Fragestellungen.

Es empfiehlt sich dabei, die einzelnen Eindrücke in Kurzform auf einem Block zu notieren. So können die Eindrücke und das Erlebte nach Ende der Reise gemeinsam besprochen werden. Oft tauchen erstaunliche Dinge aus dem Unterbewusstsein auf, die man längst vergessen geglaubt hatte.

Bitte beachten:

Interaktive Fantasiereisen sind nicht zu verwechseln mit analytischen Fantasiereisen in Hypnose, währenddessen der Hypnotiseur durch gezielte Fragen wertvolle therapeutische Hinweise erlangt.
Diese Vorgehensweise ist Personen überlassen, die mit hypnotischen Techniken vertraut sind und diese sicher beherrschen und daher ausschließlich geschulten Hypnotiseuren und Therapeuten vorbehalten!

Fantasiereisen für Kinder

Fantasiereisen für Kinder sind ähnlich aufgebaut wie Reisen für Erwachsene. Allerdings sind die Texte wesentlich kürzer gehalten, da bei Kindern die Konzentration oft nicht lange genug anhält.

Auch für die Einleitung in die Entspannung reichen meist wenige Worte aus - Kinder wollen am liebsten gleich in die Geschichte eintauchen.
Bei einer zu langen Einleitung würden Kinder das Interesse verlieren.

Die entsprechende Einleitung für Kinder finden Sie dem Text „Häuschen der Erinnerungen" vorangestellt.

Bei Kindern empfiehlt es sich weiterhin, die Fantasiereisen interaktiv (siehe *Interaktive Fantasiereisen, Seite 17*) zu gestalten. Das bedeutet, dass Sie sich während des Vorlesens von dem Kind berichten lassen, was es gerade sieht, was es vielleicht gerade tut, was es erlebt oder was es gerne sehen möchte.

So haben Sie jederzeit die Möglichkeit, die Texte spontan umzugestalten.

Einleitung in die Entspannung

*Der folgende Text wird **jeder** Fantasiereise vorange-*
stellt. Die langsam gesprochenen Sätze begünstigen
das Eintauchen in die Entspannung und sorgen für
die notwendige Tiefe. Erst dann beginnt die eigentli-
che Fantasiereise.

Leg dich jetzt so entspannt hin wie eben möglich …
Wenn du magst, kannst du bereits jetzt deine Augen
schließen …

Und versuche, an nichts zu denken …
Das ist gar nicht so leicht, ich weiß …
Lass deine Gedanken einfach kommen …
und lass sie gleich wieder los …
lass sie einfach vorbei ziehen
Versuche, abzuschalten …
und versuche loszulassen.

Und du lockerst nun ganz bewusst deine Arme …
und deine Beine …
Und du versuchst, deinen ganzen Körper zu lockern

Und dabei atmest du ganz langsam und ganz
gleichmäßig …
Langsam einatmen … und gleichmäßig wieder ausatmen …

Und du wirst gleich deine ganze Muskulatur immer
mehr entspannen … so sehr, dass du immer tiefer in
den Entspannungszustand hinein gleitest …

Versuche jetzt, ganz bewusst jeden einzelnen Muskel zu lockern …
Und lenk deine Aufmerksamkeit auf die einzelnen Muskeln, die du gerade lockerst.

Und dein Puls wird dabei langsam ruhiger …
Deine Atmung wird ruhiger …
Und Puls und Atmung bleiben ganz gleichmäßig ….
Und du fühlst dich vollkommen wohl dabei …
Du konzentrierst dich voll und ganz auf meine Stimme …
Atme weiter ruhig … und gleichmäßig …
Und du lässt dich durch nichts stören …
Dein Körper und deine Gedanken kommen immer mehr zur Ruhe …

Die leise Musik im Hintergrund beruhigt dich … dir ist angenehm warm … es geht dir gut …
Und du hörst einfach nur auf meine Stimme … alles andere ist jetzt völlig unwichtig …
Und mit jedem Wort, das ich sage, entspannt sich dein ganzer Körper ein wenig mehr …
Und du spürst eine angenehme Ruhe.
Selbst Geräusche, die von außen kommen, würden dich nicht mehr stören …

Du brauchst nichts weiter zu tun …
Du folgst einfach nur meinen Anweisungen …
Du behältst deine Augen geschlossen …
Und Du atmest jetzt bewusst tief ein … und wieder aus …

Und Du lässt jetzt alle Spannungen in Deinem Körper los …
Alle Spannungen lösen sich mehr und mehr …
Die angenehme Schwere und Müdigkeit fließt in deinen ganzen Körper …
Sie breitet sich immer weiter aus …
Von den Augen … über deine Schultern … deine Beine … bis zu den Füßen …

Entspanne jetzt ganz bewusst deine Stirn …
Entspanne dein ganzes Gesicht …
Deinen Hals und den Bereich um den Nacken …
Entspanne die Schultern und lockere sie …
Lockere die Oberarme …
Die Unterarme … bis in die Hände …
Entspanne nun deinen Rücken …
Deine Wirbelsäule …
Deinen Oberkörper …
Entspanne die Bauchmuskulatur …
Und entspanne die Beine.

Versuche zu spüren, wie sich die Entspannung über deinen ganzen Körper ausbreitet und Dich immer tiefer führt … stell es Dir einfach vor … stell es Dir vor wie ein Gefühl von Entspannung, die Deinen ganzen Körper umhüllt....

Anmerkung:
*Um ständiges Hin- und Herblättern während der Anwendungen zu vermeiden, habe ich diesen Einleitungstext **jeder** Entspannungsreise vorangestellt. Das füllt dieses Buch zwar unnötig, ist für Sie im Gebrauch aber wesentlich praktischer.*

Traumreisen

Im folgenden Kapitel finden Sie die verschiedenen Skripte für Ihre Fantasiereise.

Jede Fantasiereise beginnt mit einer Entspannungs-Einleitung.

Und jede Reise endet mit der Ausleitung.

Sollten Sie interaktiv vorgegangen sein, können das Erlebte anschließend gemeinsam besprechen – die entsprechenden Notizen haben Sie während der Reise auf einem Block notiert.

Suchen Sie sich nun den Ort aus, an den Sie in Ihrer Fantasie gerne reisen möchten – und lassen Sie sich von der wohltuenden Wirkung auf Ihren ganzen Körper überraschen!

Ich wünsche Ihnen eine angenehme und wohltuende (Fantasie-)Reise!

Frühling auf der Blumenwiese

Leg dich jetzt so entspannt hin wie eben möglich …
Wenn du magst, kannst du bereits jetzt deine Augen
schließen …

Und versuche, an nichts zu denken …
Das ist gar nicht so leicht, ich weiß …
Lass deine Gedanken einfach kommen …
und lass sie gleich wieder los …
lass sie einfach vorbei ziehen
Versuche, abzuschalten …
und versuche loszulassen.

Und du lockerst nun ganz bewusst deine Arme …
und deine Beine …
Und du versuchst, deinen ganzen Körper zu lockern

Und dabei atmest du ganz langsam und ganz
gleichmäßig …
Langsam einatmen …
und gleichmäßig wieder ausatmen …

Und du wirst gleich deine ganze Muskulatur immer
mehr entspannen … so sehr, dass du immer tiefer in
den Entspannungszustand hinein gleitest …

Versuche jetzt, ganz bewusst jeden einzelnen Mus-
kel zu lockern …
Und lenk deine Aufmerksamkeit auf die einzelnen
Muskeln, die du gerade lockerst.

Und dein Puls wird dabei langsam ruhiger …

Deine Atmung wird ruhiger …
Und Puls und Atmung bleiben ganz gleichmäßig ….
Und du fühlst dich vollkommen wohl dabei …
Du konzentrierst dich voll und ganz auf meine
Stimme …
Atme weiter ruhig … und gleichmäßig …
Und du lässt dich durch nichts stören …
Dein Körper und deine Gedanken kommen immer
mehr zur Ruhe …

Die leise Musik im Hintergrund beruhigt dich … dir
ist angenehm warm … es geht dir gut …
Und du hörst einfach nur auf meine Stimme …
alles andere ist jetzt völlig unwichtig …
Und mit jedem Wort, das ich sage, entspannt sich
dein ganzer Körper ein wenig mehr …
Und du spürst eine angenehme Ruhe.
Selbst Geräusche, die von außen kommen, würden
dich nicht mehr stören …

Du brauchst nichts weiter zu tun …
Du folgst einfach nur meinen Anweisungen …
Du behältst deine Augen geschlossen …
Und Du atmest jetzt bewusst tief ein …
und wieder aus …

Und Du lässt jetzt alle Spannungen in Deinem Kör-
per los …
Alle Spannungen lösen sich mehr und mehr …
Die angenehme Schwere und Müdigkeit fließt in
deinen ganzen Körper …
Sie breitet sich immer weiter aus …

Von den Augen ... über deine Schultern ... deine
Beine ... bis zu den Füßen ...

Entspanne jetzt ganz bewusst deine Stirn ...
Entspanne dein ganzes Gesicht ...
Deinen Hals und den Bereich um den Nacken
Entspanne die Schultern und lockere sie
Lockere die Oberarme ...
Die Unterarme ... bis in die Hände
Entspanne nun deinen Rücken ...
Deine Wirbelsäule ...
Deinen Oberkörper
Entspanne die Bauchmuskulatur ...
Und entspanne die Beine

Versuche zu spüren, wie sich die Entspannung über
deinen ganzen Körper ausbreitet und Dich immer
tiefer führt ... Wie ein Gefühl von Entspannung, die
Deinen ganzen Körper umhüllt....

Folge mir nun allein mit der Kraft deiner Gedanken
auf diese wunderschöne Reise.
Weit weg von hier ... weit weg von diesem Raum.
Lass einfach alle störenden Gedanken los und tauche
ein diese schöne, neue Welt der Fantasie.

Und es ist ganz einfach. Du kannst es.
Lausche einfach nur meinen Worten und lass dich
mitreissen.
Nimm die Bilder in dein Unterbewusstsein auf und
versuche die Gefühle zu spüren.
Entspanne jeden einzelnen Muskel jetzt noch einmal
ganz bewusst.

Stell dir nun vor, ich führe dich auf eine herrlich duftende Blumenwiese
Es ist Frühling … es ist angenehm warm …
Sonnenstrahlen tauchen die Wiese in ein Meer aus Blüten.

Saftiges, grünes Gras, soweit dein Blick reicht …
Schmetterlinge, die sich auf den Blüten niederlassen

Du sitzt im Schatten eines Haselnuss-Strauches …
und blickst über die faszinierende Landschaft vor deinen Augen …

Und du merkst, wie sich das angenehme Gefühl der Ruhe über deinen ganzen Körper ausbreitet …
Mit deinen Gedanken bist du jetzt voll und ganz in dieser einzigartigen Landschaft …
Es geht dir gut …
Du fühlst dich vollkommen wohl …
Und du kannst immer mehr entspannen beim Anblick der Farben um dich herum …

Zwischen den Gräsern und den wilden Blumen entdeckst du einen kleinen Bach, der leise plätschert …
Du fühlst dich vollkommen wohl …
Ganz weit weg vom Alltag … an diesem wunderschönen Ort …
Einem Ort der Ruhe …
Und du lässt dich durch nichts stören …

Stell dir diese Frühlingswiese einfach so vor, wie sie dir persönlich gefällt.

Ganz so, wie sie dir gerade in den Sinn kommt.

In der Nähe zwitschern Vögel … und es duftet herrlich nach Frühling …
Versuche, diesen intensiven Duft einzuatmen.
Atme ein … und wieder aus … einatmen … ausatmen …

Atme den Duft des Frühlings, der überall in der Luft liegt.
Ein einzigartiges Blütenmeer aus wilden Pflanzen ...

Du kannst sogar das weiche Gras unter deinen Füßen spüren.
Und die warmen Sonnenstrahlen, die deine Haut berühren.
Du gehst hinüber zu dem kleinen Bach, der klares, kaltes Wasser talwärts führt …

Es duftet nach Hyazinthen … und nach Narzissen …
Und du hörst das leise Rauschen der nahen Bäume im Wind
Der Boden unter deinen Füßen ist weich … und die Blätter und Gräser berühren deine Beine.
Du läufst über diese Wiese … und du atmest weiter ihren Duft ein …

Vielleicht breitet sich die Abendsonne über die angrenzenden Felder und Wiesen aus …
und verzaubert alles in ein goldenes Rot-Orange …
Vielleicht ist es früh am Morgen … und Nebelschwaden ziehen über die Felder … und über die Hügelkette in der Ferne …

Oder du lässt dich gerade einfach nur wärmen von
der angenehm warmen Mittagssonne und genießt
den Anblick der Landschaft.

Alles ist genau so, wie du es dir wünscht.
Alles ist genau so, wie es gut für dich ist.

Du entdeckst eine alte verwitterte Holzbank …
umgeben von hohen Gräsern …
und von gelben, orangen und blauen Frühlingsblu-
men …

Du setzt dich auf diese Bank …
Und fühlst die Sonnenstrahlen auf deinem Gesicht
… auf deinen Augenlidern … und auf deinen Armen

Du atmest die warme, frische Luft ein …
Und du hörst das Summen der Bienen …

Weit in der Ferne erblickst du ein altes Bauernhaus
Die Sonne spiegelt sich in den Fenstern und Dach-
ziegeln …
Du genießt die herrliche, natürliche Atmosphäre …
Und die Luft ist leicht …
und frisch …
und du atmest sie ein … und wieder aus …

Genieße die Ruhe und die Entspannung in deinem
Körper.
Spüre, wie dein Körper sich mehr und mehr zu ent-
spannen beginnt …

Nichts ist jetzt wichtig.

Diese Frühlingswiese ist nur dazu da, dich zu erholen … und frei zu werden von der Unruhe und den Lasten des Alltags.

Deine Gedanken werden immer ruhiger.
Alles, was dich sonst so sehr beschäftigt, erscheint auf einmal völlig unbedeutend und belanglos.

Du hörst das sanfte Rauschen der Bäume …
und du beobachtest die Schmetterlinge …
und du atmest die frische Luft ein …
den Duft von Hyazinthen…
von Narzissen…
von Primeln …
und den süßen, harzigen Duft der nahen Fichten …

Wenn du möchtest, kannst du das Gezwitscher der Zugvögel hören, die hoch über die Hügel gleiten …

Und du spürst, wie die warme Sonne deinen Körper mit neuer Energie erfüllt.
Du fühlst den weichen, feuchten Boden unter deinen Füßen.
Du spürst, wie deine Muskeln sich entspannen und wie ruhig und wie gleichmäßig deine Atmung nun ist.

Atme weiter die herrliche Luft des Frühlings ein …
atme ein …
und wieder aus …
herrlich frische, leichte Frühlingsluft.
Und du spürst den Geschmack des Frühlings auf deiner Zunge.

Und mit jedem Einatmen nimmt dein Körper mehr Energie auf … und mit jedem Ausatmen lässt du ein wenig mehr los und gleitest noch tiefer in diesen Zustand der Ruhe und Entspannung hinein.

Du genießt einfach nur die warme Sonne auf deiner Haut …
wie sie sich anfühlt …
und wie sie auf der Haut riecht …
und wie sie deine Haut bräunt.

Dein Körper ist jetzt viel entspannter als zu Beginn dieser Reise.

Ich werde dich nun diesen wunderschönen Ort noch einige Momente genießen lassen.

Und nun ist es an der Zeit, wieder zurückzukehren von deiner Reise.
Ich werde gleich bis drei zählen.
Und bei drei öffnest du wieder deine Augen.

Und du wirst dann vollkommen wach und entspannt sein.
Die Entspannung wird in deinem Körper bestehen bleiben, auch nach Ende der Reise.
Und du wirst die angenehme Ruhe und Ausgeglichenheit in dir spüren können, die du durch diese Reise gewonnen hast.

Eins ...
Fühle, wie du wieder ganz in deinen Körper, hier in diesen Raum, zurückkehrst.

Zwei ...
Du wirst nun immer wacher.
Du bist gleich vollkommen wach ... und du fühlst dich fit und erholt.
Deine Atmung, dein Puls und dein Blutkreislauf normalisieren sich nun wieder auf deine normalen Werte.

Drei ...
Öffne jetzt deine Augen ... du bist wieder vollkommen wach.

Am feinen Sandstrand

Leg dich jetzt so entspannt hin wie eben möglich …
Wenn du magst, kannst du bereits jetzt deine Augen
schließen …

Und versuche, an nichts zu denken …
Das ist gar nicht so leicht, ich weiß …
Lass deine Gedanken einfach kommen …
und lass sie gleich wieder los …
lass sie einfach vorbei ziehen
Versuche, abzuschalten … und versuche loszulassen.

Und du lockerst nun ganz bewusst deine Arme …
und deine Beine …
Und du versuchst, deinen ganzen Körper zu lockern
…

Und dabei atmest du ganz langsam und ganz
gleichmäßig …
Langsam einatmen … und gleichmäßig wieder ausatmen …

Und du wirst gleich deine ganze Muskulatur immer
mehr entspannen … so sehr, dass du immer tiefer in
den Entspannungszustand hineingleitest …

Versuche jetzt, ganz bewusst jeden einzelnen Mus-
kel zu lockern …
Und lenk deine Aufmerksamkeit auf die einzelnen
Muskeln, die du gerade lockerst.

Und dein Puls wird dabei langsam ruhiger …
Deine Atmung wird ruhiger …
Und Puls und Atmung bleiben ganz gleichmäßig ….
Und du fühlst dich vollkommen wohl dabei …
Du konzentrierst dich voll und ganz auf meine
Stimme …
Atme weiter ruhig … und gleichmäßig …
Und du lässt dich durch nichts stören …
Dein Körper und deine Gedanken kommen immer
mehr zur Ruhe …

Die leise Musik im Hintergrund beruhigt dich …
dir ist angenehm warm …
es geht dir gut …
Und du hörst einfach nur auf meine Stimme … alles
andere ist jetzt völlig unwichtig …
Und mit jedem Wort, das ich sage, entspannt sich
dein ganzer Körper ein wenig mehr …
Und du spürst eine angenehme Ruhe.
Selbst Geräusche, die von außen kommen, würden
dich nicht mehr stören …

Du brauchst nichts weiter zu tun …
Du folgst einfach nur meinen Anweisungen …
Du behältst deine Augen geschlossen …
Und Du atmest jetzt bewusst tief ein … und wieder
aus …

Und Du lässt jetzt alle Spannungen in Deinem Körper los … Alle Spannungen lösen sich mehr und
mehr …
Die angenehme Schwere und Müdigkeit fließt in
deinen ganzen Körper …

34

Sie breitet sich immer weiter aus …
Von den Augen … über deine Schultern … deine
Beine … bis zu den Füßen …
Entspanne jetzt ganz bewusst deine Stirn …
Entspanne dein ganzes Gesicht …
Deinen Hals und den Bereich um den Nacken
Entspanne die Schultern und lockere sie
Lockere die Oberarme …
Die Unterarme … bis in die Hände
Entspanne nun deinen Rücken …
Deine Wirbelsäule …
Deinen Oberkörper
Entspanne die Bauchmuskulatur …
Und entspanne die Beine

Versuche zu spüren, wie sich die Entspannung über
deinen ganzen Körper ausbreitet und Dich immer
tiefer führt … stell es Dir einfach vor … stell es Dir
vor wie ein Gefühl von Entspannung, die Deinen
ganzen Körper umhüllt....

Folge mir nun allein mit der Kraft deiner Gedanken
auf diese wunderschöne Reise.
Weit weg von hier … weit weg von diesem Raum.
Lass einfach alle störenden Gedanken los und tauche
ein diese schöne, neue Welt der Fantasie.

Und es ist ganz einfach. Du kannst es.
Lausche einfach nur meinen Worten und lass dich
mitreissen.
Nimm die Bilder in dein Unterbewusstsein auf und
versuche die Gefühle zu spüren.

Entspanne jeden einzelnen Muskel jetzt noch einmal ganz bewusst.

Stell dir nun vor, ich führe dich an einen herrlichen Traumstrand.
Ganz weit weg von hier …
Weit weg vom Alltag.
An einen Strand, an dem du einmal ganz für dich sein kannst.

Stell dir diesen Strand einfach so vor, wie er dir gefällt. Ganz so, wie er dir gerade in den Sinn kommt.

Vielleicht erfüllt die Abendsonne orangerot den Horizont.
Vielleicht ist es noch früh am Morgen … und Nebelschwaden ziehen übers Meer.
Oder du lässt dich gerade wärmen von der angenehm warmen Mittagssonne.

Weicher, fast weißer Sand …
Vielleicht mit kleinen Muscheln …
Vielleicht mit wunderschönen winzigen Steinchen, die in der Sonne glitzern …
Möglicherweise ist dort eine Gruppe Palmen, die sich sanft im Wind wiegt …
Und es duftet nach Seetang und nach Meerwasser …
Versuche, den Geruch in dir aufzunehmen …
Seetang … Meerwasser …
Du hörst die Wellen, die leise rauschen …
Und du beobachtest den weißen Schaum, den sie im Sand hinterlassen …

Du lässt dich durch nichts stören. Deine Gedanken
fliegen einfach davon.
Dieser Strand ist einfach perfekt für dich.
Und du fühlst dich gut … du fühlst dich richtig wohl
…

Du fühlst die angenehme Wärme auf deiner Haut.
Spürst den leichten Wind, der vom Meer herüber-
zieht und ganz sacht über deinen Körper streicht.
Deine Haut riecht nach Sonne.
Stell dir vor, wie sich der Sand anfühlt, wenn du mit
bloßen Füssen darüber läufst.
Genieße einfach die herrliche, natürliche Atmosphä-
re.

Sieh dich um und gehe auf Entdeckungstour.
Vielleicht ist dort eine Hügelkette auf der einen Seite
Vielleicht ein Palmenwald auf der anderen Seite …
Oder dein Blick reicht bis in das kleine, weit entfern-
te Fischerdorf …
Vielleicht beobachtest du die vielen kleinen Segel-
boote, die vor dir in einer Bucht ankern …
Du spürst immer mehr die tiefe Entspannung in dei-
nem Körper.

Du spürst, wie deine Gedanken ruhiger werden.
Du spürst, wie unbedeutend manche Dinge sind.

Und du hörst das sanfte Rauschen der Wellen und
der Palmen im Wind.
Wenn du möchtest, kannst du sogar das leise Kreischen der Möwen hören, die am Strand auf Nahrungssuche sind.

Und die warme Sonne erfüllt deinen Körper mit
neuer Energie und einer angenehmen Entspannung.

Du fühlst den weichen, warmen Sand zwischen den
Fingern.
Du spürst, wie deine Muskeln sich entspannen und
wie ruhig und wie gleichmäßig deine Atmung nun
ist …
Wie du immer mehr loslassen kannst.
Du atmest weiter die herrlich frische Meerluft ein …
und wieder aus …
herrlich frische, leicht salzige Meerluft.
Und du spürst den salzigen Geschmack auf deiner
Zunge.
Du genießt die Natur.
Du tankst neue Kraft … und neue Energie … hier an
diesem weißen Sandstrand.

Du kannst das Wechselspiel der Wellen beobachten
Du kannst das blaue Glitzern des Meeres betrachten
Du kannst den weichen Sand durch deine Finger
gleiten lassen …

Du kannst dir die schönsten Muscheln aussuchen …
Oder du genießt einfach nur die warme Sonne auf
der Haut. Wie sie sich anfühlt …
und wie sie auf der Haut riecht und dich bräunt.

Ich werde dich nun diesen wunderschönen Ort noch
einige Momente genießen lassen.

Und nun ist es an der Zeit, wieder zurückzukehren
von deiner Reise.

Ich werde gleich bis drei zählen.
Und bei drei öffnest du wieder deine Augen.

Und du wirst dann vollkommen wach und entspannt sein.
Die Entspannung wird in deinem Körper bestehen bleiben, auch nach Ende der Reise.

Und du wirst die angenehme Ruhe und Ausgeglichenheit in dir spüren können, die du durch diese Reise gewonnen hast.

Eins …
Fühle, wie du wieder ganz in deinen Körper, hier in diesen Raum, zurückkehrst.

Zwei …
Du wirst nun immer wacher.
Du bist gleich vollkommen wach … und fühlst dich fit und erholt.
Deine Atmung, dein Puls und dein Blutkreislauf normalisieren sich nun wieder auf deine normalen Werte.

Drei …
Öffne jetzt deine Augen … du bist wieder vollkommen wach.

Hügel in der Toskana

Leg dich jetzt so entspannt hin wie eben möglich ...
Wenn du magst, kannst du bereits jetzt deine Augen
schließen ...

Und versuche, an nichts zu denken ...
Das ist gar nicht so leicht, ich weiß ...
Lass deine Gedanken einfach kommen ...
und lass sie gleich wieder los ...
lass sie einfach vorbei ziehen
Versuche, abzuschalten ... und versuche loszulassen.

Und du lockerst nun ganz bewusst deine Arme ...
und deine Beine ...
Und du versuchst, deinen ganzen Körper zu lockern
...

Und dabei atmest du ganz langsam und ganz
gleichmäßig ...
Langsam einatmen ...
und gleichmäßig wieder ausatmen ...

Und du wirst gleich deine ganze Muskulatur immer
mehr entspannen ... so sehr, dass du immer tiefer in
den Entspannungszustand hinein gleitest ...

Versuche jetzt, ganz bewusst jeden einzelnen Muskel zu lockern ...
Und lenk deine Aufmerksamkeit auf die einzelnen
Muskeln, die du gerade lockerst.

Und dein Puls wird dabei langsam ruhiger …
Deine Atmung wird ruhiger …

Und Puls und Atmung bleiben ganz gleichmäßig ….

Und du fühlst dich vollkommen wohl dabei …
Du konzentrierst dich voll und ganz auf meine
Stimme …
Atme weiter ruhig … und gleichmäßig …
Und du lässt dich durch nichts stören …
Dein Körper und deine Gedanken kommen immer
mehr zur Ruhe …

Die leise Musik im Hintergrund beruhigt dich …
dir ist angenehm warm …
es geht dir gut …
Und du hörst einfach nur auf meine Stimme …
alles andere ist jetzt völlig unwichtig …
Und mit jedem Wort, das ich sage, entspannt sich
dein ganzer Körper ein wenig mehr …
Und du spürst eine angenehme Ruhe.
Selbst Geräusche, die von außen kommen, würden
dich nicht mehr stören …

Du brauchst nichts weiter zu tun …
Du folgst einfach nur meinen Anweisungen …
Du behältst deine Augen geschlossen …
Und Du atmest jetzt bewusst tief ein …
und wieder aus …
einatmen …
ausatmen …

Und Du lässt jetzt alle Spannungen in Deinem Körper los … Alle Spannungen lösen sich mehr und mehr …
Die angenehme Schwere und Müdigkeit fließt in deinen ganzen Körper …
Sie breitet sich immer weiter aus …
Von den Augen …
über deine Schultern …
deine Beine …
bis zu den Füßen …

Entspanne jetzt ganz bewusst deine Stirn
Entspanne dein ganzes Gesicht …
Deinen Hals und den Bereich um den Nacken
Entspanne die Schultern und lockere sie
Lockere die Oberarme …
Die Unterarme … bis in die Hände
Entspanne nun deinen Rücken …
Deine Wirbelsäule …
Deinen Oberkörper
Entspanne die Bauchmuskulatur …
Und entspanne die Beine

Versuche zu spüren, wie sich die Entspannung über deinen ganzen Körper ausbreitet und Dich immer tiefer führt … stell es Dir einfach vor … stell es Dir vor wie ein Gefühl von Entspannung, die Deinen ganzen Körper umhüllt....

Folge mir nun allein mit der Kraft deiner Gedanken auf diese wunderschöne Reise.
Weit weg von hier … weit weg von diesem Raum.

Lass einfach alle störenden Gedanken los und tauche ein in diese Welt der Fantasie.

Und es ist ganz einfach …
Lausche einfach nur meinen Worten … lass dich mitreißen.
Nimm die Bilder in dein Unterbewusstsein auf und versuche die Gefühle zu spüren
Entspanne jeden einzelnen Muskel jetzt noch einmal ganz bewusst.

Stell dir nun vor … du stehst am Fuße eines Hügel in der Toskana.
Rechts und links von dir befinden sich weite Felder.
Bewuchert mit violettfarbenen Lavendelbüschen …
Hunderte von Lavendelblüten …
Sie duften …
Nimm den Geruch von Lavendel in dir auf .

Du stehst im Schatten einer Zypresse …
und blickst über die faszinierende Landschaft vor deinen Augen …

Und du merkst, wie sich ein angenehmes Gefühl der Ruhe über deinen ganzen Körper ausbreitet …
Du bist mit deinen Gedanken jetzt voll und ganz in dieser einzigartigen Landschaft …
Um dich herum die Lavendelfelder und die duftenden Kräuter
Und es geht dir gut … du fühlst dich vollkommen wohl.
Du kannst immer mehr entspannen beim Anblick der Farben um dich herum …

Du bist ganz weit weg vom Alltag … an diesem traumhaft schönen Ort … niemand wird dich hier stören …

Und zwischen den hohen, schattenspendenden Zypressen entdeckst einen kleinen Weg, der dich den Hügel hinauf führen wird.
Stell dir diesen Weg einfach so vor, wie er dir gefällt.
Ganz so, wie er dir gerade in den Sinn kommt.
Auch hier blühen Lavendelsträucher.
Und du atmest ihren intensiven Duft ein.
Du spürst den Lavendelduft, der überall in der Luft liegt.
Ein einzigartiges Meer aus hellen und dunkelvioletten Blüten.
Und du fühlst den steinigen Pfad unter deinen leichten Sommerschuhen.
Du spürst die warmen Sonnenstrahlen, die durch die Zypressen hindurch deine Haut berühren …

Möglicherweise entdeckst du einen kleinen Brunnen, aus dem klares, kaltes Wasser sprudelt.
Und es duftet nach wilden Kräutern…
Du kannst das leise Rauschen der Zypressen im Wind hören.

Der Weg wird steiniger …
Und auf dem Boden um dich herum wächst wilder Rosmarin …
und Thymian …

Und auch diese Düfte erfüllen die Luft … und du
atmest den Duft ein …
Einatmen … ausatmen …

Vielleicht breitet sich gerade die Abendsonne über
die Landschaft aus …
und verzaubert alles in ein goldenes Rot-Orange …
Vielleicht ist es früh am Morgen …
und Nebelschwaden ziehen über den steinigen Boden … und über die Hügelkette in der Ferne …
Oder du lässt dich gerade einfach nur wärmen von
der angenehm warmen Mittagssonne und genießt
den Anblick der Landschaft.

Die Sonne scheint … und du fühlst die angenehme
Wärme auf deiner Haut.
Du spürst den leichten Wind, der vom Meer her
weht und ganz leicht über deinen Körper streicht.

Stell dir vor, wie sich die Steine auf dem schmalen
Pfad anfühlen, wenn du darüber läufst.

Du gelangst nun in einen kleinen Pinienwald …
Vielleicht steht hier eine alte steinerne Bank …
bewuchert von Gras …
und von blauen Lilien …
Setz dich einfach auf diese Bank …
Und fühl die Sonne auf deinem Gesicht …
auf deinen Augenlidern …
und auf deinen Armen …
Du atmest die warme, süßliche Luft ein …
Du hörst das Zirpen der Grillen …
und Zikaden …

Und weit in der Ferne entdeckst du das blaue Meer
mit winzigen Segelbooten …
verteilt wie kleine weiße Farbkleckse …
und die Sonne lässt die Wellen des Meeres glitzern

Du genießt die herrliche, natürliche Atmosphäre …
Und die Luft ist schwer …
und süß …
und du atmest sie ein …
und wieder aus …
ein …
und wieder aus

Genieße die Ruhe und die Entspannung in deinem
Körper.
Fühle, wie dein Körper sich mehr und mehr zu ent-
spannen beginnt …
Wie dein Inneres eins wird mit der Natur …

Hier kannst du vollkommen loslassen.
Nichts ist hier wichtig.
Dieser Platz ist einzig und allein für dich da, um
dich zu erholen …
und frei zu werden von der Unruhe des Alltags.

Und du spürst, wie deine Gedanken immer ruhiger
werden.
Und alles, was dich sonst so sehr beschäftigt, erscheint auf einmal völlig unbedeutend und belanglos.

Du hörst das sanfte Rauschen der Pinien …

das Zirpen der Zikaden und du atmest die süße,
schwere Luft ein …
den Duft von Lavendel …
von Rosmarin …
von wildem Thymian …
und den süßen, harzigen Duft der Pinien …

Wenn du möchtest, kannst du sogar die Geräusche
der Zugvögel hören, die hoch über die Hügel gleiten

Und du spürst, wie die warme Sonne deinen Körper
mit Energie erfüllt
Du spürst den kargen, trockenen Boden unter deinen
leichten Schuhen.
Spürst, wie deine Muskeln sich entspannen und wie
ruhig und wie gleichmäßig deine Atmung nun ist.

Atme weiter die herrliche Luft der Toskana ein …
und wieder aus …
herrlich süße, würzige Toskana-Luft.
Und du spürst den Geschmack von Rosmarin und
Thymian auf deiner Zunge.
Dein Körper ist nun viel entspannter als zu Beginn
dieser Reise.

Du kannst das Wechselspiel der Farben beobachten
Du kannst den Horizont des Meeres in der Ferne
betrachten
Du spürst den trockenen, kargen Boden unter deinen
Schuhen …
Du genießt einfach nur die warme Sonne des Südens
auf deiner Haut …

wie sie sich anfühlt …
und wie sie auf der Haut riecht …
und wie sie dich bräunt.

Und mit jedem Einatmen nimmt dein Körper mehr
Energie auf …
und mit jedem Ausatmen lässt du mehr los und gleitest noch tiefer in diesen Zustand der Ruhe und Entspannung hinein.

Ich werde dich nun diesen wunderschönen Ort noch
einige Momente genießen lassen.

Es ist nun an der Zeit, wieder zurückzukehren von
deiner Reise.
Ich werde gleich bis drei zählen.
Und bei drei öffnest du wieder deine Augen.
Und du wirst dann vollkommen wach und entspannt
sein.
Die Entspannung wird in deinem Körper bestehen
bleiben, auch nach Ende der Reise.

Und du wirst die angenehme Ruhe und Ausgeglichenheit in dir spüren können, die du durch diese
Reise gewonnen hast.

Eins …
Fühle, wie du wieder ganz in deinen Körper, hier in
diesen Raum, zurückkehrst.

Zwei …
Du wirst nun immer wacher.

Du bist gleich vollkommen wach ... und fühlst dich fit und erholt.
Deine Atmung, dein Puls und dein Blutkreislauf normalisieren sich nun wieder auf deine normalen Werte.

Drei ...
Öffne jetzt deine Augen ... du bist wieder vollkommen wach.

Im goldenen Herbstwald

Leg dich jetzt so entspannt hin wie eben möglich …
Wenn du magst, kannst du bereits jetzt deine Augen
schließen …

Und versuche, an nichts zu denken …
Das ist gar nicht so leicht, ich weiß …
Lass deine Gedanken einfach kommen …
und lass sie gleich wieder los …
lass sie einfach vorbei ziehen
Versuche, abzuschalten … und versuche loszulassen.

Und du lockerst nun ganz bewusst deine Arme …
und deine Beine …
Und du versuchst, deinen ganzen Körper zu lockern

Und dabei atmest du ganz langsam und ganz
gleichmäßig …
Langsam einatmen …
und gleichmäßig wieder ausatmen …

Und du wirst gleich deine ganze Muskulatur immer
mehr entspannen …
so sehr, dass du immer tiefer in den Entspannungszustand hinein gleitest …

Versuche jetzt, ganz bewusst jeden einzelnen Mus-
kel zu lockern …
Und lenk deine Aufmerksamkeit auf die einzelnen
Muskeln, die du gerade lockerst.

Und dein Puls wird dabei langsam ruhiger …
Deine Atmung wird ruhiger …
Und Puls und Atmung bleiben ganz gleichmäßig ….
Und du fühlst dich vollkommen wohl dabei …
Du konzentrierst dich voll und ganz auf meine
Stimme …
Atme weiter ruhig …
und gleichmäßig …
Und du lässt dich durch nichts stören …
Dein Körper und deine Gedanken kommen immer
mehr zur Ruhe …

Die leise Musik im Hintergrund beruhigt dich …
dir ist angenehm warm …
es geht dir gut …
Und du hörst einfach nur auf meine Stimme …
alles andere ist jetzt völlig unwichtig …
Und mit jedem Wort, das ich sage, entspannt sich
dein ganzer Körper ein wenig mehr …
Und du spürst eine angenehme Ruhe.
Selbst Geräusche, die von außen kommen, würden
dich nicht mehr stören …

Du brauchst nichts weiter zu tun …
Du folgst einfach nur meinen Anweisungen …
Du behältst deine Augen geschlossen …
Und Du atmest jetzt bewusst tief ein …
und wieder aus …

Und Du lässt jetzt alle Spannungen in Deinem Körper los … Alle Spannungen lösen sich mehr und
mehr …

Die angenehme Schwere und Müdigkeit fließt in
deinen ganzen Körper …
Sie breitet sich immer weiter aus …
Von den Augen …
über deine Schultern …
deine Beine …
bis zu den Füßen …

Entspanne jetzt ganz bewusst deine Stirn
Entspanne dein ganzes Gesicht …
Deinen Hals und den Bereich um den Nacken
Entspanne die Schultern und lockere sie
Lockere die Oberarme …
Die Unterarme …
bis in die Hände
Entspanne nun deinen Rücken …
Deine Wirbelsäule …
Deinen Oberkörper
Entspanne die Bauchmuskulatur …
Und entspanne die Beine

Versuche zu spüren, wie sich die Entspannung über
deinen ganzen Körper ausbreitet und Dich immer
tiefer führt … stell es Dir einfach vor …
stell es Dir vor wie ein Gefühl von Entspannung, die
Deinen ganzen Körper umhüllt....

Folge mir nun allein mit der Kraft deiner Gedanken
auf diese wunderschöne Reise.

Weit weg von hier, weit weg von diesem Raum.
Lass einfach alle störenden Gedanken los und tauche
ein diese schöne, neue Welt der Fantasie.

Und es ist ganz einfach.
Du kannst es.
Lausche einfach nur meinen Worten und lass dich mitreissen.
Nimm die Bilder in dein Unterbewusstsein auf und versuche die Gefühle zu spüren.
Entspanne jeden einzelnen Muskel jetzt noch einmal ganz bewusst.

Stelle dir nun vor, du verlässt diesen Raum …

Ich führe dich in einen herrlichen Herbstwald.
Ganz weit weg vom Alltag …
In einen Wald, in dem du ganz für dich sein kannst.
Niemand wird dich hier stören.
Stell dir diesen Wald einfach so vor, wie er dir gefällt.
Ganz so, wie er dir gerade in den Sinn kommt.
Betrachte die massigen Baumstämme der alten Eichen … der Buchen …
Lass deine Blicke hochwandern zu den Baumkronen.
Weit über dir … und durch die lichten Stellen entdeckst du einen blauen, wolkenlosen Himmel …

Die Blätter bieten ein wunderschönes Farbenspiel …
rot … gelb … orange … braun
Vielleicht raschelt das Laub unter deinen Füßen …
Bei jeden Schritt schiebst du mit deinen Schuhen die Blätter beiseite …
Sonnenstrahlen, die durch die Baumwipfel deine Haut berühren …

Möglicherweise findest du eine kleine Lichtung, wo
ein Bach fließt …
Und es duftet nach Herbstlaub, nach feuchtem Moos

Du hörst das leise Rauschen der Blätter im Wind …
Und du beobachtest die goldenen Blätter, die leise
auf die Erde fallen …

Vielleicht leuchtet die Abendsonne auf die kleine
Lichtung.
Vielleicht ist es gerade früh am Morgen … und Ne-
belschwaden ziehen durch die starken Stämme der
Laubbäume … und wabern über das feuchte Moos
Oder du lässt dich gerade einfach nur wärmen von
der angenehm warmen Mittagssonne.

Die Sonne scheint …
und du fühlst die angenehme Wärme auf deiner
Haut.
Du spürst den leichten Wind, der durch die Baumwipfel weht und ganz leicht über deinen Körper
streicht.

Stell dir vor, wie sich das Laub anfühlt, wenn du
darüber läufst.
Du entdeckst eine alte Holzbank …
Wenn du magst, setzt du dich für eine Weile dort hin

Und du genießt die herrliche, natürliche Atmosphä-
re.
Entscheide selbst, wo die Holzbank steht …
Vielleicht unter einer starken Eiche …
Vielleicht unter einer Buche …

Und du kannst den kleinen Bachlauf von hier aus beobachten.
Vielleicht ist eine Hügelkette in weiter Ferne …
Vielleicht ein altes Bauernhaus auf der anderen Seite

Oder dein Blick reicht bis zu einer kleinen, weit entfernten Pferdekoppel am Ende des Waldes …
Vielleicht beobachtest du das Fließen des Baches, der sich im Sonnenlicht spiegelt.
Und wie die unzähligen Steine das Wasser aufhalten, um es dann weiterzuleiten zu einem unbekannten Ort …

Setz dich auf diese kleine Holzbank und fühle, wie dein Körper sich noch mehr zu entspannen beginnt

Fühle, wie du die Natur aufnimmst …
mit jedem einzelnen Atemzug …
atme bewusst ein …
und wieder aus …
ein …
aus …

Hier kannst du vollkommen loslassen.
Nichts ist jetzt wichtig.
Deine Gedanken werden ruhiger
Und alles, was dich sonst vielleicht zu sehr beschäftigt, erscheint auf einmal völlig unbedeutend.

Du hörst das sanfte Rauschen der Blätter im Wind und das Knistern des Herbstlaubes unter deinen Schuhen …

Du kannst das Zwitschern der Vögel hören, die in den Baumkronen sitzen …
Und du spürst, wie die warme Sonne deinen Körper mit Energie erfüllt.
Und du fühlst das feuchte, bunte Laub unter deinen Schuhen.
Du spürst, wie deine Muskeln sich entspannen und wie ruhig und wie gleichmäßig deine Atmung nun ist.
Du atmest herrlich frische Herbstluft ein …
und wieder aus …
frische, leicht würzige Herbstluft.
Und du spürst den Geschmack auf deiner Zunge.

Und mit jedem Einatmen nimmt dein Körper noch mehr Energie auf …
und mit jedem Ausatmen lässt du noch mehr los und du gleitest noch tiefer in diesen Zustand der Ruhe und Entspannung hinein.

In diesem bunten Herbstwald bist du ganz Teil der Natur … dein Körper ist viel entspannter als zu Beginn dieser Reise.

Betrachte noch einmal das Wechselspiel der Farben
Das Glitzern des Wassers im Bach …
Spüre noch einmal das weiche, bunte Herbstlaub unter deinen Schuhen …
Oder genieße einfach nur die warme Herbstsonne auf deiner Haut …
wie sie sich anfühlt …
und wie sie auf der Haut riecht und dich bräunt.

Alles ist genau so, wie du es dir wünscht.
Alles ist perfekt für dich.

Ich werde dich nun diesen wunderschönen Ort noch
einige Momente genießen lassen.

Es ist nun an der Zeit, wieder zurückzukehren von
deiner Reise.
Ich werde gleich bis drei zählen.
Und bei drei öffnest du wieder deine Augen.
Und du wirst dann vollkommen wach und entspannt
sein.
Die Entspannung wird in deinem Körper bestehen
bleiben, auch nach Ende der Reise.

Und du wirst die angenehme Ruhe und Ausgeglichenheit in dir spüren können, die du durch diese
Reise gewonnen hast.

Eins …
Fühle, wie du wieder ganz in deinen Körper, hier in
diesen Raum, zurückkehrst.

Zwei …
Du wirst nun immer wacher.
Du bist gleich vollkommen wach … und fühlst dich
fit und erholt.
Deine Atmung, dein Puls und dein Blutkreislauf
normalisieren sich nun wieder auf deine normalen
Werte.

Drei ...
Öffne jetzt deine Augen ... du bist wieder vollkommen wach.

Im Winterwald

Leg dich jetzt so entspannt hin wie eben möglich …
Wenn du magst, kannst du bereits jetzt deine Augen
schließen …

Und versuche, an nichts zu denken …
Das ist gar nicht so leicht, ich weiß …
Lass deine Gedanken einfach kommen …
und lass sie gleich wieder los …
lass sie einfach vorbei ziehen
Versuche, abzuschalten … und versuche loszulassen.

Und du lockerst nun ganz bewusst deine Arme …
und deine Beine …
Und du versuchst, deinen ganzen Körper zu lockern

Und dabei atmest du ganz langsam und ganz
gleichmäßig …
Langsam einatmen …
und gleichmäßig wieder ausatmen …

Und du wirst gleich deine ganze Muskulatur immer
mehr entspannen …
so sehr, dass du immer tiefer in den Entspannungszustand hinein gleitest …

Versuche jetzt, ganz bewusst jeden einzelnen Mus-
kel zu lockern …
Und lenk deine Aufmerksamkeit auf die einzelnen
Muskeln, die du gerade lockerst.

Und dein Puls wird dabei langsam ruhiger …
Deine Atmung wird ruhiger …
Und Puls und Atmung bleiben ganz gleichmäßig ….
Und du fühlst dich vollkommen wohl dabei …
Du konzentrierst dich voll und ganz auf meine
Stimme …
Atme weiter ruhig …
und gleichmäßig …
Und du lässt dich durch nichts stören …
Dein Körper und deine Gedanken kommen immer
mehr zur Ruhe …

Die leise Musik im Hintergrund beruhigt dich …
dir ist angenehm warm …
es geht dir gut …
Und du hörst einfach nur auf meine Stimme …
alles andere ist jetzt völlig unwichtig …
Und mit jedem Wort, das ich sage, entspannt sich
dein ganzer Körper ein wenig mehr …
Und du spürst eine angenehme Ruhe.
Selbst Geräusche, die von außen kommen, würden
dich nicht mehr stören …

Du brauchst nichts weiter zu tun …
Du folgst einfach nur meinen Anweisungen …
Du behältst deine Augen geschlossen …
Und Du atmest jetzt bewusst tief ein …
und wieder aus …

Und Du lässt jetzt alle Spannungen in Deinem Körper los … Alle Spannungen lösen sich mehr und
mehr …

Die angenehme Schwere und Müdigkeit fließt in
deinen ganzen Körper …
Sie breitet sich immer weiter aus …
Von den Augen …
über deine Schultern …
deine Beine …
bis zu den Füßen …

Entspanne jetzt ganz bewusst deine Stirn …
Entspanne dein ganzes Gesicht …
Deinen Hals und den Bereich um den Nacken
Entspanne die Schultern und lockere sie
Lockere die Oberarme …
Die Unterarme … bis in die Hände
Entspanne nun deinen Rücken …
Deine Wirbelsäule …
Deinen Oberkörper
Entspanne die Bauchmuskulatur …
Und entspanne die Beine

Versuche zu spüren, wie sich die Entspannung über
deinen ganzen Körper ausbreitet und Dich immer
tiefer führt … stell es Dir einfach vor … stell es Dir
vor wie ein Gefühl von Entspannung, die Deinen
ganzen Körper umhüllt....

Folge mir nun allein mit der Kraft deiner Gedanken
auf diese wunderschöne Reise.

Weit weg von hier, weit weg von diesem Raum.
Lass einfach alle störenden Gedanken los und tauche
ein diese schöne, neue Welt der Fantasie.

Und es ist ganz einfach.
Du kannst es.
Lausche einfach nur meinen Worten und lass dich
mitreissen.
Nimm die Bilder in dein Unterbewusstsein auf und
versuche die Gefühle zu spüren.
Entspanne jeden einzelnen Muskel jetzt noch einmal
ganz bewusst.

Stell dir nun vor, du verlässt diesen Raum und ich
führe dich in eine herrliche Winterlandschaft.
Ganz weit weg vom Alltag …
in eine Landschaft, in der du ganz für dich sein
kannst …
Niemand wird dich hier stören.

Stell dir diese Landschaft einfach so vor, wie sie dir
gefällt. Ganz so, wie sie dir gerade in den Sinn
kommt.

Tief mit Pulverschnee bedeckte Wiesen und Felder
… und du genießt die frische, kalte Luft …
du bist richtig warm angezogen …
In der Ferne erblickst du die schneebedeckten Gipfel
der Berge …
Vielleicht knirscht Schnee unter deinen festen Schuhen, während du deine Schritte machst …
Du spürst den frischen, für dich angenehmen Hauch
der kalten Winterluft, der deinen Atem zu kleinen
Wolken gefrieren lässt.
Und durch die Bäume fallen Sonnenstrahlen …
Du kannst durch die Baumwipfel den Himmel sehen
… glasklar und in einem wunderschönen Blau …

Gehe weiter durch den tiefen Schnee und beobachte
die Abdrücke deiner Winterschuhe, die du im
Schnee hinterlässt.
Du hörst jetzt ein Plätschern in unmittelbarer Nähe

Und du entdeckst einen kleinen Bach …
An den Ufern ist das Wassern zu Eis erstarrt …
Kleine Eiszapfen ragen in den Bach hinein …
Du hörst das Rauschen des Wassers …
Und du beobachtest die Sonnenstrahlen, die das Eis
auf eine bizarre Weise glitzern lassen …

Vielleicht ist es gerade früher Abend …
und Tiere des Waldes kommen zum Bach …
suchen Nahrung …
und verschwinden wieder in ihrem Bau …

Vielleicht ist es früh am Morgen …
und Nebelschwaden ziehen durch die mit schneebedeckten Äste der Bäume und Tannen …

Oder du genießt einfach nur die Mittagssonne, die
durch die Baumgipfel zu dir durchdringt und dich
trotz der Kälte dieses Tages wärmt.

Die Wintersonne scheint … und du fühlst die angenehme Wärme auf deiner Haut.
Du spürst den kühlen Wind, der durch die Baumwipfel weht und ganz leicht über dein Geicht streicht.

Du atmest die frische Winterluft ein …
und wieder aus …
ein …

und aus …

Es ist ein angenehmes Gefühl … es befreit dich …
Es ist kühl …
erfrischend …
sehr angenehm …

Stell dir vor, wie sich der Schnee anfühlt, wenn du
darüber gehst.
Direkt vor dir liegt ein umgestürzter Baumstamm …
Du kannst dich gerne dort hinsetzen, wenn du magst.
Und du kannst du herrliche, natürliche, erfrischende
Atmosphäre dieses Augenblickes genießen.

Vielleicht bist du gerade unter einer schneebedeckten Eiche … oder unter einer hohen Tanne.
Vielleicht unter einer mit Schnee beladenen Fichte

Und du kannst den kleinen, fast zugefrorenen Bach-
lauf von hier aus beobachten.
Die weiße Bergkette in weiter Ferne …
Du siehst die zugeschneite Hütte auf der anderen
Seite … aus dessen Kamin es qualmt.

Vielleicht reicht dein Blick sogar bis zu einer Seil-
bahn, die Skiläufer und Wanderer auf den Gipfel
eines Berges bringt.

Vielleicht beobachtest du auch einfach nur das Fließen des Baches, dessen vereistes Wasser sich im
Sonnenlicht spiegelt und in allen Farben glitzert.

Und wie die unzähligen Steine das eisige Wasser aufhalten, um es dann weiter zu leiten zu einem unbekannten Ort …
in weiter Ferne …
in einen anderen Winterwald

Wische mit deinen Handschuhen den Schnee von diesem Baumstamm und setz dich einfach hin.
Du spürst, wie dein Körper sich noch mehr zu entspannen beginnt …
Wie dein Inneres die Natur aufnimmt …
Du spürst die Kälte nicht.
Du bist warm eingepackt in deine Felljacke und deinen warmen Schal.
Du kannst endlich einmal vollkommen loslassen.
Nichts ist hier wichtig.
Du spürst, wie deine Gedanken ruhiger werden.
Und alles, was dich sonst vielleicht zu sehr beschäftigt, erscheint auf einmal völlig unbedeutend.

Und du hörst das Rauschen des Baches und das Knirschen des Schnees unter deinen Schuhen.
Wenn du möchtest, kannst du sogar das Zwitschern der Vögel hören, die in den Baumkronen sitzen …
Und du spürst, wie die warme Sonne deinen Körper mit Energie erfüllt.
Und du fühlst den weichen, weißen, frischen Schnee unter deinen Schuhen.
Du spürst, wie deine Muskeln sich noch mehr entspannen und wie ruhig und wie gleichmäßig deine Atmung nun ist.
Die atmest dabei die herrlich frische Winterluft ein

und wieder aus …
ein …
und wieder aus …
herrlich frische, eisige, angenehme Winterluft.

Und mit jedem Einatmen nimmt dein Körper mehr
Energie auf …
und mit jedem Ausatmen lässt du mehr los und du
gleitest noch tiefer in diesen Zustand der Ruhe und
Entspannung hinein.

Du kannst das Plätschern des Wassers im Bachlauf
beobachten …
Du kannst zu den schneebedeckten Gipfeln der entfernten Berge schauen …
Du kannst den weichen, frischen Schnee unter deinen Schuhen spüren …
Du kannst das Farbenspiel der Schneekristalle be-
wundern, die in der Wintersonne glitzern …

Oder du genießt einfach nur die warme Wintersonne
auf deiner Haut …
wie sie sich anfühlt …
und wie sie auf der Haut riecht und dich vielleicht
sogar ein wenig bräunt.

Ich werde dich nun diesen wunderschönen Ort noch
einige Momente genießen lassen.

Es ist nun an der Zeit, wieder zurückzukehren von
deiner Reise.
Ich werde gleich bis drei zählen.
Und bei drei öffnest du wieder deine Augen.

Und du wirst dann vollkommen wach und entspannt sein.
Die Entspannung wird in deinem Körper bestehen bleiben, auch nach Ende der Reise.
Und du wirst die angenehme Ruhe und Ausgeglichenheit in dir spüren können, die du durch diese Reise gewonnen hast.

Eins ...
Fühle, wie du wieder ganz in deinen Körper, hier in diesen Raum, zurückkehrst.

Zwei ...
Du wirst nun immer wacher.
Du bist gleich vollkommen wach ... und fühlst dich fit und erholt.
Deine Atmung, dein Puls und dein Blutkreislauf normalisieren sich nun wieder auf deine normalen Werte.

Drei ...
Öffne jetzt deine Augen ... du bist wieder vollkommen wach.

Am wunderschönen Wörthersee

Leg dich jetzt so entspannt hin wie eben möglich …
Wenn du magst, kannst du bereits jetzt deine Augen
schließen …

Und versuche, an nichts zu denken …
Das ist gar nicht so leicht, ich weiß …
Lass deine Gedanken einfach kommen …
und lass sie gleich wieder los …
lass sie einfach vorbei ziehen
Versuche, abzuschalten … und versuche loszulassen.

Und du lockerst nun ganz bewusst deine Arme …
und deine Beine …
Und du versuchst, deinen ganzen Körper zu lockern

Und dabei atmest du ganz langsam und ganz
gleichmäßig …
Langsam einatmen …
und gleichmäßig wieder ausatmen …

Und du wirst gleich deine ganze Muskulatur immer
mehr entspannen …
so sehr, dass du immer tiefer in den Entspannungszustand hinein gleitest …

Versuche jetzt, ganz bewusst jeden einzelnen Mus-
kel zu lockern …
Und lenk deine Aufmerksamkeit auf die einzelnen
Muskeln, die du gerade lockerst.

Und dein Puls wird dabei langsam ruhiger …

Deine Atmung wird ruhiger …
Und Puls und Atmung bleiben ganz gleichmäßig ….

Und du fühlst dich vollkommen wohl dabei …
Du konzentrierst dich voll und ganz auf meine
Stimme …
Atme weiter ruhig …
und gleichmäßig …
Und du lässt dich durch nichts stören …
Dein Körper und deine Gedanken kommen immer
mehr zur Ruhe …

Die leise Musik im Hintergrund beruhigt dich …
dir ist angenehm warm …
es geht dir gut …
Und du hörst einfach nur auf meine Stimme …
alles andere ist jetzt völlig unwichtig …
Und mit jedem Wort, das ich sage, entspannt sich
dein ganzer Körper ein wenig mehr …
Und du spürst eine angenehme Ruhe.
Selbst Geräusche, die von außen kommen, würden
dich nicht mehr stören …

Du brauchst nichts weiter zu tun …
Du folgst einfach nur meinen Anweisungen …
Du behältst deine Augen geschlossen …
Und Du atmest jetzt bewusst tief ein …
und wieder aus …

Und Du lässt jetzt alle Spannungen in Deinem Körper los ... Alle Spannungen lösen sich mehr und mehr ...
Die angenehme Schwere und Müdigkeit fließt in deinen ganzen Körper ...
Sie breitet sich immer weiter aus ...
Von den Augen ...
über deine Schultern ...
deine Beine ...
bis zu den Füßen ...

Entspanne jetzt ganz bewusst deine Stirn
Entspanne dein ganzes Gesicht ...
Deinen Hals und den Bereich um den Nacken
Entspanne die Schultern und lockere sie
Lockere die Oberarme ...
Die Unterarme ... bis in die Hände
Entspanne nun deinen Rücken ...
Deine Wirbelsäule ...
Deinen Oberkörper
Entspanne die Bauchmuskulatur ...
Und entspanne die Beine

Versuche zu spüren, wie sich die Entspannung über deinen ganzen Körper ausbreitet und Dich immer tiefer führt ... stell es Dir einfach vor ... stell es Dir vor wie ein Gefühl von Entspannung, die Deinen ganzen Körper umhüllt....

Folge mir nun allein mit der Kraft deine Gedanken auf diese wunderschöne Reise.

Weit weg von hier, weit weg von diesem Raum.

Lass einfach alle störenden Gedanken los und tauche ein diese schöne, neue Welt der Fantasie.
Und es ist ganz einfach.
Du kannst es.
Lausche einfach nur meinen Worten und lass dich mitreissen.
Nimm die Bilder in dein Unterbewusstsein auf und versuche die Gefühle zu spüren.
Entspanne jeden einzelnen Muskel jetzt noch einmal ganz bewusst.

Stell dir nun vor, du verlässt diesen Raum und ich führe dich an einen herrlichen, großen See …
im Herzen Kärntens.

Vor deinem inneren Auge siehst du nun den Wörthersee.
Ein See, an dem du dich vielleicht schon oft …
und gerne …
aufgehalten hast.
Wo du bereits einen Urlaub verbracht hast.
Vielleicht bist du auch zum ersten Mal hier …
und lässt die Bilder einfach auf dich wirken.

Und du bist jetzt ganz weit weg vom Alltag …
du bist am Wörthersee …
vielleicht im Strandbad …
vielleicht auf der Strandpromenade …

Und du lässt dich jetzt durch nichts und niemanden stören.
Stell dir den See einfach so vor, wie er dir gefällt.

Ganz so, wie er dir gerade in den Sinn kommt oder wie du ihn kennst.

Vielleicht bist du alleine dort …
Vielleicht sind Menschen bei dir …
Menschen, die du gerne um dich hast …
Menschen, die dir im Leben wichtig sind.

Vielleicht liegst du auf einer Liege …
Um dich herum ist weiches, feines Gras …
Vielleicht mit kleinen Blumen …
Vielleicht mit winzigen Steinchen, die in der Sonne glitzern.

Möglicherweise sind in der Nähe Sonnenschirme, um vor der Sonne zu schützen …

Und du atmest den Geruch der Wiese ein …
und den Geruch des Seewassers …
Du hörst das leise Rauschen der Wellen, die ans Ufer platschen …
und du hörst das Rascheln von Schilf, der in Ufernähe wächst.
Und du beobachtest den weißen Schaum, den die Wellen am Ufer hinterlassen …

Vielleicht ist es gerade Abend …
die Abendsonne erfüllt orangerot den Horizont.
Und sie strahlt die malerische Kirche von Maria Wörth auf dem gegenüberliegenden Seeufer an.

Vielleicht ist es gerade früher Morgen …
Nebelschwaden ziehen noch übers Wasser …

und die Gipfel der Karawanken liegen in morgendlichem Dunst.

Vielleicht lässt dich auch gerade von der angenehm warmen Mittagssonne wärmen, während du die Schiffe beobachtest, die fast geräuschlos über den See gleiten.

Ganz egal.
Dieser Strand ist nur für dich.
Alles ist genau so, wie du es dir wünscht.
Alles ist genau so, wie es gut für dich ist.

Die Sonne scheint …
und du fühlst die angenehme Wärme auf deiner Haut.
Du spürst den leichten Wind, der vom Wasser herüberzieht und ganz leicht über deinen Körper streicht.
.
Stell dir vor, wie sich das Gras anfühlt, wenn du mit bloßen Füssen darüber gehst.
Und du suchst dir nun einen Platz aus, an dem du dich niederlässt …
Du kannst dich dort hinsetzen oder hinlegen.
Auf eine Liege … oder auf ein Handtuch …
Und du wirst nun du herrliche, natürliche Atmosphäre genießen.

Alles ist ganz entspannt.
Weil du ganz entspannt bist.
Vielleicht liegst unter einem Sonnenschirm … weil es in der Sonne zu heiß ist …

Und du kannst die ganze Landschaft ... und den
See... von hier aus beobachten.
Du blickst zu dem kleinen Holzsteg am Ufer ...
Dein Blick reicht über das Wasser ...
bis hinüber zur Halbinsel von Maria Wörth.
Weit entfernt entdeckst du den Turm des Pyrami-
denkogels.
Und ganz aus der Ferne hörst du das Dröhnen eines
Schiffsmotors ...
Vielleicht ein Dampfer, der gleich an der Schiffsan-
legestelle anlegen wird ...

Du hörst den Wellenschlag des Wörthersees, der
leise ans Ufer schlägt ...
Vielleicht kommt jetzt stärkerer Wind auf ...
Und die Wellen schlagen ein wenig lauter und fester
ans Ufer ...
Du atmest die Luft ein ...
die sich heilend auf deine Atemwege auswirkt...
und die deine Atemwege reinigt ...
und ein wohliges Gefühl in dir hinterlässt.

Vielleicht reicht dein Blick bis zur Strandpromenade, an der Touristen spazieren gehen ...
Kinder ...
Paare ...
ältere Menschen ...
junge Menschen ...

Vielleicht beobachtest du auch die kleinen Segelboote, die vor dir in den Wellen schaukeln und einen
Platz zum Ankern suchen ...

Versuche zu fühlen, wie diese Vorstellung sich anfühlt.

Und du kannst spüren, wie dein Körper sich immer
mehr zu entspannen beginnt …
Wie die frische klare Seeluft in deine Atemwege
strömt …
Fühle, wie dein Inneres die Natur aufnimmt …
Du kannst jetzt vollkommen loslassen.
Nichts ist hier wichtig.
Dieser Ort ist nur dazu da, dich zu erholen und frei
zu werden von der Unruhe des Alltags …
Von den vielen belastenden Gedanken des Alltags
Von den kleinen und großen Sorgen, die dich von
Zeit zu Zeit quälen …

Und du spürst, wie deine Gedanken immer ruhiger
werden.
Und alles, was dich sonst vielleicht zu sehr beschäftigt, erscheint auf einmal völlig unbedeutend.

Und du lauschst weiter dem Plätschern der Wellen ...
Wenn du möchtest, hörst du das Lachen der Kinder,
die im Strandbad spielen …
Du hörst die Geräusche der Menschen, die im Was-
ser planschen oder mit einem Ball spielen.
Du spürst die Gegenwart der Menschen, die um dich
herum sind.
Aber diese Geräusche werden dich nicht stören …
Und du spürst, wie der angenehm warme Wind dei-
nen Körper mit neuer Energie und einer angenehmen
Entspannung erfüllt.
Du fühlst, wie die Sonne deine Haut wärmt …

und wie sie deine Haut bräunt …
Du fühlst den Geruch der Sonnenstrahlen auf deiner
Haut …
Und du fühlst die weichen, feinen Grashalme zwischen deinen Fingern.

Du spürst, wie deine Muskeln sich entspannen …
und wie ruhig … und wie gleichmäßig deine Atmung nun ist.
Wenn du möchtest, kannst du dir auch vorstellen,
wie du auf deiner Liege eine Weile einschläfst.
Begleitet vom Dröhnen der Schiffsmotoren …
und vom Geräusch der Menschen um dich herum.

Und du atmest dabei die herrlich frische, klare Seeluft ein … und wieder aus …
Und du spürst den Geschmack von Urlaub auf deiner
Zunge.

Und mit jedem Einatmen nimmt dein Körper neue
natürliche Energie auf …
und mit jedem Ausatmen lässt du ein wenig mehr los
und du gleitest noch tiefer in diese Ruhe und Entspannung hinein.

In diesem Strandbad am Wörthersee bist du ganz
Teil der Natur und du kannst fühlen, wie wunderbar
es sich anfühlt, die Natur und die Ruhe zu genießen.

Und dein Körper ist jetzt doppelt so entspannt wie
zu Beginn dieser Reise.
Fühle in deinen Körper hinein …
und versuch zu fühlen … wie es auf dich wirkt.

Du kannst in diesem Strandbad so lange bleiben, wie du möchtest.
Und du kannst dort tun, was du möchtest.

Du kannst das Wechselspiel der Wellen beobachten
Du kannst das Glitzern der Sonne auf dem See betrachten …
Du kannst die Dampfer beobachten …
Die weichen Grashalme durch deine Finger gleiten lassen …
Und den Anblick der Halbinsel Maria Wörth genießen …
Oder du genießt einfach nur den Wind auf deiner Haut … wie es sich anfühlt … und wie die Sonne auf deiner Haut riecht.

Du kannst nun diesen wunderschönen Ort noch einige Momente genießen.
Und wenn sich in Zukunft der Stress des Alltags in dir ausbreitet …
Dann nimmst du dir einige Minuten Zeit und kehrst in deinen Gedanken an diesen Ort zurück.
Du kannst jederzeit an diesen Ort zurückkehren …
in dem du einfach die Augen schließt.

Es ist nun an der Zeit, wieder zurückzukehren von deiner Reise.
Ich werde gleich bis drei zählen.
Und bei drei öffnest du wieder deine Augen.
Und du wirst dann vollkommen wach und entspannt sein.

Die Entspannung wird in deinem Körper bestehen bleiben, auch nach Ende der Reise.
Und du wirst die angenehme Ruhe und Ausgeglichenheit in dir spüren können, die du durch diese Reise gewonnen hast.

Eins ...
Fühle, wie du wieder ganz in deinen Körper, hier in diesen Raum, zurückkehrst.

Zwei ...
Du wirst nun immer wacher.
Du bist gleich vollkommen wach ... und fühlst dich fit und erholt.

Deine Atmung, dein Puls und dein Blutkreislauf normalisieren sich nun wieder auf deine normalen Werte.

Drei ...
Öffne jetzt deine Augen ... du bist wieder vollkommen wach.

Alpenpanorama

Leg dich jetzt so entspannt hin wie eben möglich …
Wenn du magst, kannst du bereits jetzt deine Augen
schließen …

Und versuche, an nichts zu denken …
Das ist gar nicht so leicht, ich weiß …
Lass deine Gedanken einfach kommen …
und lass sie gleich wieder los …
lass sie einfach vorbei ziehen
Versuche, abzuschalten … und versuche loszulassen.

Und du lockerst nun ganz bewusst deine Arme …
und deine Beine …
Und du versuchst, deinen ganzen Körper zu lockern

Und dabei atmest du ganz langsam und ganz
gleichmäßig …
Langsam einatmen …
und gleichmäßig wieder ausatmen …

Und du wirst gleich deine ganze Muskulatur immer
mehr entspannen …
so sehr, dass du immer tiefer in den Entspannungszustand hinein gleitest …

Versuche jetzt, ganz bewusst jeden einzelnen Mus-
kel zu lockern …
Und lenk deine Aufmerksamkeit auf die einzelnen
Muskeln, die du gerade lockerst.

Und dein Puls wird dabei langsam ruhiger …
Deine Atmung wird ruhiger …
Und Puls und Atmung bleiben ganz gleichmäßig ….
Und du fühlst dich vollkommen wohl dabei …
Du konzentrierst dich voll und ganz auf meine
Stimme …
Atme weiter ruhig …
und gleichmäßig …
Und du lässt dich durch nichts stören …
Dein Körper und deine Gedanken kommen immer
mehr zur Ruhe …

Die leise Musik im Hintergrund beruhigt dich …
dir ist angenehm warm …
es geht dir gut …
Und du hörst einfach nur auf meine Stimme …
alles andere ist jetzt völlig unwichtig …
Und mit jedem Wort, das ich sage, entspannt sich
dein ganzer Körper ein wenig mehr …
Und du spürst eine angenehme Ruhe.
Selbst Geräusche, die von außen kommen, würden
dich nicht mehr stören …

Du brauchst nichts weiter zu tun …
Du folgst einfach nur meinen Anweisungen …
Du behältst deine Augen geschlossen …
Und Du atmest jetzt bewusst tief ein …
und wieder aus …

Und Du lässt jetzt alle Spannungen in Deinem Körper los … Alle Spannungen lösen sich mehr und
mehr …

Die angenehme Schwere und Müdigkeit fließt in
deinen ganzen Körper …
Sie breitet sich immer weiter aus …
Von den Augen …
über deine Schultern …
deine Beine …
bis zu den Füßen …

Entspanne jetzt ganz bewusst deine Stirn
Entspanne dein ganzes Gesicht …
Deinen Hals und den Bereich um den Nacken
Entspanne die Schultern und lockere sie
Lockere die Oberarme …
Die Unterarme … bis in die Hände
Entspanne nun deinen Rücken …
Deine Wirbelsäule …
Deinen Oberkörper
Entspanne die Bauchmuskulatur …
Und entspanne die Beine

Versuche zu spüren, wie sich die Entspannung über
deinen ganzen Körper ausbreitet und Dich immer
tiefer führt … stell es Dir einfach vor … stell es Dir
vor wie ein Gefühl von Entspannung, die Deinen
ganzen Körper umhüllt....

Folge mir nun allein mit der Kraft deine Gedanken
auf diese wunderschöne Reise.

Weit weg von hier, weit weg von diesem Raum.
Lass einfach alle störenden Gedanken los und tauche
ein diese schöne, neue Welt der Fantasie.

Und es ist ganz einfach.
Du kannst es.
Lausche einfach nur meinen Worten und lass dich
mitreissen.
Nimm die Bilder in dein Unterbewusstsein auf und
versuche die Gefühle zu spüren.
Entspanne jeden einzelnen Muskel jetzt noch einmal
ganz bewusst.

Stell dir nun vor …
du befindest dich am Fuße eines mächtigen Berg-
massivs.

Rechts und links von dir befinden sich satte, grüne
Almwiesen, die in der Sonne leuchten …
Wilde Blumen in allen erdenklichen Farbtönen sind
um dich herum …
Margeriten …
Fingerhut …
Lupinen …
Veilchen …
… sie wiegen sich im Wind

Und alle strömen einen unnachahmlichen Duft aus
versuche, diesen Duft in dir aufzunehmen …
nimm den Geruch der Wildblumen in dir auf …

Du stehst im Schatten einer kleinen Holzhütte …
es ist angenehm warm und du blickst über die faszinierende Bergwelt direkt vor deinen Augen …

Mächtige Berge … schneebedeckte Gipfel
Das Geräusch von Kuhglocken dringt an dein Ohr

und du erblickst eine Herde Kühe am Rande der
Almwiese
Du spürst ein angenehmes Gefühl der Ruhe …
Du bist mit deinen Gedanken jetzt voll und ganz in
dieser einzigartigen Landschaft.
Es geht dir gut …
du fühlst dich vollkommen wohl …
und du kannst immer mehr entspannen beim Anblick
der Wiesen um dich herum …

Du bist ganz weit weg vom Alltag …
an diesem traumhaft schönen Ort …
niemand wird dich hier stören …

Du entdeckst einen kleinen steinigen Pfad, der den
Hügel hinauf führen wird.
Stell dir diesen Pfad einfach so vor, wie er dir ge-
fällt.
Ganz so, wie er dir gerade in den Sinn kommt.

Auch hier blüht es am Wegesrand.
Ein einzigartiges Meer aus gelben, blauen, roten und
violetten Blüten.
Und du fühlst den steinigen Pfad unter deinen Schu-
hen.
Du spürst die warmen Sonnenstrahlen, die deine
Haut berühren …
Möglicherweise entdeckst du einen kleinen Bach-
lauf, aus dem klares, eiskaltes Quellwasser sprudelt.

Du erreichst eine Gruppe Bergkiefern, die leise im
Wind rauschen …
Der Weg führt immer höher die Almwiese hinauf …

Du atmest frische, klare Bergluft ein …
und wieder aus …
einatmen …
ausatmen.
Du spürst eine angenehme Müdigkeit …
und du fühlst dich vollkommen wohl.

Und du erreichst nun die Mittelstation eines Sessel-
lifts.
Setz dich einfach in einen Sessel und lass die Landschaft an dir vorbeigleiten.

Vielleicht breitet sich gerade die Abendsonne über
die Berge aus …
und verzaubert alles in ein goldenes Rot-Orange …

Vielleicht ist es früh am Morgen …
Nebelschwaden ziehen über den Boden …
und über die Bergkette in der Ferne …

Oder du lässt dich gerade einfach nur wärmen von
der angenehm warmen Mittagssonne und genießt
den Anblick der Landschaft.

Die Sonne scheint …
und du fühlst die angenehme Wärme auf deiner
Haut.
Du spürst den leichten Wind, der ganz leicht über
deinen Körper streicht.
Stell dir vor, wie der Lift immer höher gleitet …
über die Wiesen …
die Gipfel der Lärchen

Die Vegetation wird allmählich karger …
und felsiger.

Dein Lift gleitet über eine Schlucht …
über einen Wasserfall …
das Wasser läuft kaskadenartig die Felsen herunter
… ein gigantischer Anblick.

Und du fühlst die Sonne auf deinem Gesicht … auf
deinen Augenlidern … und auf deinen Armen …

Du atmest die herrlich frische Bergluft ein …
und wieder aus …
einatmen …
ausatmen …

Weit in der Ferne erklimmt eine Gruppe Bergsteiger
einen Gipfel …
Und je höher du gleitest, um so fantastischer wird
die Aussicht.
Tief unten liegt das Tal …
Zu deiner Rechten ein glasklarer Bergsee …
UnzähligeWanderwege …

Und du spürst ein Gefühl von unendlicher Freiheit
Ein Gefühl von Ruhe … und Entspannung.

Nichts ist hier wichtig.
Du lässt die Unruhe des Alltags einfach los.
Und deine Gedanken werden immer ruhiger.
Alles, was dich sonst so sehr beschäftigt, erscheint
auf einmal völlig unbedeutend und belanglos.

Du hörst das Rauschen der Fichten …
das Geräusch des gleitenden Sesselliftes.
Und du spürst, wie die warme Sonne deinen Körper
mit Energie erfüllt …
wie sie sich anfühlt …
und wie sie auf der Haut riecht …
und wie sie dich bräunt.

Und mit jedem Einatmen nimmt dein Körper mehr
Energie auf …
und mit jedem Ausatmen lässt du mehr los und gleitest noch tiefer in diesen Zustand der Ruhe und Entspannung hinein.

Und dein Körper ist nun viel entspannter als zu Beginn dieser Reise.

Ich werde dich nun diesen wunderschönen Ort noch
einige Momente genießen lassen.

Es ist nun an der Zeit, wieder zurückzukehren von
deiner Reise.
Ich werde gleich bis drei zählen.
Und bei drei öffnest du wieder deine Augen.
Und du wirst dann vollkommen wach und entspannt
sein.

Die Entspannung wird in deinem Körper bestehen
bleiben, auch nach Ende der Reise.
Und du wirst die angenehme Ruhe und Ausgeglichenheit in dir spüren können, die du durch diese
Reise gewonnen hast.

Eins …

Fühle, wie du wieder ganz in deinen Körper, hier in diesen Raum, zurückkehrst.

Zwei …

Du wirst nun immer wacher.

Du bist gleich vollkommen wach … und fühlst dich fit und erholt.

Deine Atmung, dein Puls und dein Blutkreislauf normalisieren sich nun wieder auf deine normalen Werte.

Drei …

Öffne jetzt deine Augen … du bist wieder vollkommen wach.

Mein ganz persönlicher Lieblingsort

Leg dich jetzt so entspannt hin wie eben möglich …
Wenn du magst, kannst du bereits jetzt deine Augen
schließen …

Und versuche, an nichts zu denken …
Das ist gar nicht so leicht, ich weiß …
Lass deine Gedanken einfach kommen …
und lass sie gleich wieder los …
lass sie einfach vorbei ziehen
Versuche, abzuschalten … und versuche loszulassen.

Und du lockerst nun ganz bewusst deine Arme …
und deine Beine …
Und du versuchst, deinen ganzen Körper zu lockern

Und dabei atmest du ganz langsam und ganz
gleichmäßig …
Langsam einatmen …
und gleichmäßig wieder ausatmen …

Und du wirst gleich deine ganze Muskulatur immer
mehr entspannen …
so sehr, dass du immer tiefer in den Entspannungszustand hinein gleitest …

Versuche jetzt, ganz bewusst jeden einzelnen Mus-
kel zu lockern …
Und lenk deine Aufmerksamkeit auf die einzelnen
Muskeln, die du gerade lockerst.

Und dein Puls wird dabei langsam ruhiger …

Deine Atmung wird ruhiger …
Und Puls und Atmung bleiben ganz gleichmäßig ….

Und du fühlst dich vollkommen wohl dabei …
Du konzentrierst dich voll und ganz auf meine
Stimme …
Atme weiter ruhig …
und gleichmäßig …
Und du lässt dich durch nichts stören …
Dein Körper und deine Gedanken kommen immer
mehr zur Ruhe …

Die leise Musik im Hintergrund beruhigt dich …
dir ist angenehm warm …
es geht dir gut …
Und du hörst einfach nur auf meine Stimme …
alles andere ist jetzt völlig unwichtig …
Und mit jedem Wort, das ich sage, entspannt sich
dein ganzer Körper ein wenig mehr …
Und du spürst eine angenehme Ruhe.
Selbst Geräusche, die von außen kommen, würden
dich nicht mehr stören …

Du brauchst nichts weiter zu tun …
Du folgst einfach nur meinen Anweisungen …
Du behältst deine Augen geschlossen …
Und Du atmest jetzt bewusst tief ein …
und wieder aus …

Und Du lässt jetzt alle Spannungen in Deinem Körper los ... Alle Spannungen lösen sich mehr und mehr ...
Die angenehme Schwere und Müdigkeit fließt in deinen ganzen Körper ...
Sie breitet sich immer weiter aus ...
Von den Augen ...
über deine Schultern ...
deine Beine ...
bis zu den Füßen ...

Entspanne jetzt ganz bewusst deine Stirn
Entspanne dein ganzes Gesicht ...
Deinen Hals und den Bereich um den Nacken
Entspanne die Schultern und lockere sie
Lockere die Oberarme ...
Die Unterarme ... bis in die Hände
Entspanne nun deinen Rücken ...
Deine Wirbelsäule ...
Deinen Oberkörper
Entspanne die Bauchmuskulatur ...
Und entspanne die Beine

Versuche zu spüren, wie sich die Entspannung über deinen ganzen Körper ausbreitet und Dich immer tiefer führt ... stell es Dir einfach vor ... stell es Dir vor wie ein Gefühl von Entspannung, die Deinen ganzen Körper umhüllt....

Folge mir nun allein mit der Kraft deine Gedanken auf diese wunderschöne Reise.
Weit weg von hier, weit weg von diesem Raum.

Lass einfach alle störenden Gedanken los und tauche ein diese schöne, neue Welt der Fantasie.

Und es ist ganz einfach.
Du kannst es.
Lausche einfach nur meinen Worten und lass dich mitreissen.
Nimm die Bilder in dein Unterbewusstsein auf und versuche die Gefühle zu spüren.
Entspanne jeden einzelnen Muskel jetzt noch einmal ganz bewusst.

Stell dir nun vor, du verlässt diesen Raum und ich führe dich an den Ort deiner Träume.

An einen Ort, an den du gerne mal reisen würdest …
An einen Ort, an dem bereits warst …
An einen Ort, an dem du dich wohl fühlen wirst …

Lass diesen Ort jetzt vor deinem geistigen Auge erscheinen.

Vielleicht erkennst du bereits Details, weil du schon einmal dort warst …
Vielleicht noch verschwommen und undeutlich …
aber die Umgebung wird immer klarer …
und deutlicher …

Du bist jetzt ganz weit weg vom Alltag …
und an diesem Ort wird dich niemand stören.

Stell dir diesen Ort einfach so vor, wie du ihn in Erinnerung hast oder wie du ihn gerne sehen möchtest.

Ganz so, wie er dir gerade in den Sinn kommt.

Vielleicht bist du alleine dort …
Vielleicht mit einer ganz bestimmten Person …

Interaktiver Teil:

Bist du jetzt an einem bestimmten Ort?

Scheint die Sonne oder ist es am Regnen?

Ist es früher Morgen, Mittag oder Abend?

Bist du alleine dort?

Fühlst du dich wohl?

Welche Kleidung trägst du gerade?

Was siehst du genau links (rechts) von dir?

Genieße jetzt weiter den Ort, an dem du dich befindest.

Versuche, die Geräusche der Umgebung wahrzunehmen …
Vielleicht hast du einen bestimmten Geruch in der Nase …
Vielleicht spürst du, wie ein leichter Wind aufkommt und über dein Gesicht streicht.

Du fühlst dich wohl an diesem Ort …
und du bist ganz entspannt und ruhig an diesem Ort

Alles ist genau so, wie du es dir wünscht.
Alles ist genau so, wie du es magst.

Und die Erinnerungen, die dieser Ort in dir weckt,
tauchen jetzt auf.
.
Stell dir vor, wie sich der Boden anfühlt, auf dem du
stehst.
Du kannst dir jetzt einen Platz aussuchen, an dem du
dich niederlassen möchtest …
Einen Platz, an dem du vielleicht bereits einmal ge-
sessen hast.

Du kannst dich dort hinsetzen oder auch hinlegen.
Und du genießt die herrliche, natürliche Atmosphäre.
Vielleicht sitzt du auf einer Bank … auf einer Decke
…. oder direkt auf dem Erdboden

Und du kannst die ganze Landschaft von hier aus
betrachten.
Aus der Ferne hörst du vertraute Geräusche …
Geräusche, die du mit diesem Ort verbindest …

Vielleicht kommt jetzt stärkerer Wind auf …
Und du ziehst deine Jacke fester um deine Schultern
aber du spürst die kühle Luft nicht …
dir ist angenehm warm …
denn du fühlst dich ganz wohl an diesem Ort.

Lenk deinen Blick auf die weitere Umgebung ….
vielleicht sind dort Kinder …

Paare …
alte Menschen …
junge Menschen …
Vielleicht kommen jetzt gerade die Menschen auf
dich zu, die dir in deinem Leben etwas bedeuten …
Lass sie einfach zu dir kommen …
Genieße ihre Gegenwart …
Sie werden dich bei deiner Reise keineswegs stören
Sie sind einfach da …
sie sind bei dir …
und sie zeigen dir damit, wie wichtig und wertvoll
du für sie und für ihr Leben bist.

Fühle, wie dein Körper sich immer mehr entspannt.
Wie die frische Luft dieses Ortes in deine Atemwege
strömt.
Du atmest ganz gleichmäßig …
ein …
und wieder aus …
einatmen …
ausatmen …
Fühle, wie dein Inneres die Natur um dich herum
aufnimmt.

Und fühle die vertraute Nähe der Person …
oder der Personen …
die bei dir sind.

Und mit jedem Einatmen nimmt dein Körper mehr
Energie auf …
und mit jedem Ausatmen lässt du mehr los und gleitest noch tiefer in diesen Zustand der Ruhe und Entspannung hinein.

Und dein Körper ist nun viel entspannter als zu Beginn dieser Reise.

Du spürst ein Gefühl von unendlicher Freiheit …
Ein Gefühl von Ruhe …
und Entspannung.

Nichts ist hier wichtig.
Du lässt die Unruhe des Alltags einfach los.
Und deine Gedanken werden immer ruhiger.
Alles, was dich sonst so sehr beschäftigt, erscheint auf einmal völlig unbedeutend und belanglos.
Und mit jedem Einatmen nimmt dein Körper noch mehr Energie auf …
und mit jedem Ausatmen lässt du mehr los und gleitest noch tiefer in diesen Zustand der Ruhe und Entspannung hinein.
Und dein Körper ist nun viel entspannter als zu Beginn dieser Reise.

Vielleicht erkennst du, welche Dinge in deinem Leben wichtig sind …
Vielleicht werden dir auch Dinge bewusst, die du in Zukunft ändern möchtest.

Ich werde dich nun diesen wunderschönen Ort noch einige Momente genießen lassen.

Es ist nun an der Zeit, wieder zurückzukehren von deiner Reise.
Ich werde gleich bis drei zählen.
Und bei drei öffnest du wieder deine Augen.

Und du wirst dann vollkommen wach und entspannt
sein.
Die Entspannung wird in deinem Körper bestehen
bleiben, auch nach Ende der Reise.
Und du wirst die angenehme Ruhe und Ausgeglichenheit in dir spüren können, die du durch diese
Reise gewonnen hast.

Eins ...
Fühle, wie du wieder ganz in deinen Körper, hier in
diesen Raum, zurückkehrst.

Zwei ...
Du wirst nun immer wacher.
Du bist gleich vollkommen wach ... und fühlst dich
fit und erholt.
Deine Atmung, dein Puls und dein Blutkreislauf
normalisieren sich nun wieder auf deine normalen
Werte.

Drei ...
Öffne jetzt deine Augen ... du bist wieder vollkommen wach.

An der Ostsee-Küste

Leg dich jetzt so entspannt hin wie eben möglich …
Wenn du magst, kannst du bereits jetzt deine Augen
schließen …

Und versuche, an nichts zu denken …
Das ist gar nicht so leicht, ich weiß …
Lass deine Gedanken einfach kommen …
und lass sie gleich wieder los …
lass sie einfach vorbei ziehen
Versuche, abzuschalten … und versuche loszulassen.

Und du lockerst nun ganz bewusst deine Arme …
und deine Beine …
Und du versuchst, deinen ganzen Körper zu lockern

Und dabei atmest du ganz langsam und ganz
gleichmäßig …
Langsam einatmen …
und gleichmäßig wieder ausatmen …

Und du wirst gleich deine ganze Muskulatur immer
mehr entspannen …
so sehr, dass du immer tiefer in den Entspannungszustand hinein gleitest …

Versuche jetzt, ganz bewusst jeden einzelnen Mus-
kel zu lockern …
Und lenk deine Aufmerksamkeit auf die einzelnen
Muskeln, die du gerade lockerst.

Und dein Puls wird dabei langsam ruhiger …
Deine Atmung wird ruhiger …
Und Puls und Atmung bleiben ganz gleichmäßig ….
Und du fühlst dich vollkommen wohl dabei …
Du konzentrierst dich voll und ganz auf meine
Stimme …
Atme weiter ruhig …
und gleichmäßig …
Und du lässt dich durch nichts stören …
Dein Körper und deine Gedanken kommen immer
mehr zur Ruhe …

Die leise Musik im Hintergrund beruhigt dich …
dir ist angenehm warm …
es geht dir gut …
Und du hörst einfach nur auf meine Stimme …
alles andere ist jetzt völlig unwichtig …
Und mit jedem Wort, das ich sage, entspannt sich
dein ganzer Körper ein wenig mehr …
Und du spürst eine angenehme Ruhe.
Selbst Geräusche, die von außen kommen, würden
dich nicht mehr stören …

Du brauchst nichts weiter zu tun …
Du folgst einfach nur meinen Anweisungen …
Du behältst deine Augen geschlossen …
Und Du atmest jetzt bewusst tief ein …
und wieder aus …

Und Du lässt jetzt alle Spannungen in Deinem Körper los … Alle Spannungen lösen sich mehr und
mehr …

Die angenehme Schwere und Müdigkeit fließt in
deinen ganzen Körper …
Sie breitet sich immer weiter aus …
Von den Augen …
über deine Schultern …
deine Beine …
bis zu den Füßen …

Entspanne jetzt ganz bewusst deine Stirn
Entspanne dein ganzes Gesicht …
Deinen Hals und den Bereich um den Nacken
Entspanne die Schultern und lockere sie
Lockere die Oberarme …
Die Unterarme … bis in die Hände
Entspanne nun deinen Rücken …
Deine Wirbelsäule …
Deinen Oberkörper
Entspanne die Bauchmuskulatur …
Und entspanne die Beine

Versuche zu spüren, wie sich die Entspannung über
deinen ganzen Körper ausbreitet und Dich immer
tiefer führt … stell es Dir einfach vor … stell es Dir
vor wie ein Gefühl von Entspannung, die Deinen
ganzen Körper umhüllt....

Folge mir nun allein mit der Kraft deine Gedanken
auf diese wunderschöne Reise.

Weit weg von hier, weit weg von diesem Raum.
Lass einfach alle störenden Gedanken los und tauche
ein diese schöne, neue Welt der Fantasie.

Und es ist ganz einfach.
Du kannst es.
Lausche einfach nur meinen Worten und lass dich mitreissen.
Nimm die Bilder in dein Unterbewusstsein auf und versuche die Gefühle zu spüren.
Entspanne jeden einzelnen Muskel jetzt noch einmal ganz bewusst.

Stell dir nun vor, du verlässt diesen Raum und ich führe dich ans Meer.
Ich führe dich an einen Strand an der Ostseeküste.

Ganz weit weg vom Alltag …
an einen Strand, an dem dich niemand stören wird.

Stell dir diesen Strand einfach so vor, wie er dir gefällt. Ganz so, wie er dir gerade in den Sinn kommt.

Vielleicht bist du alleine dort …
Vielleicht auch mit einer ganz bestimmten Person …

Um dich herum ist weicher, leicht körniger Sand …
Vielleicht mit kleinen Muscheln … oder winzigen Krebsen.

Vielleicht mit wunderschönen winzigen Steinchen, die in der Sonne glitzern …
Möglicherweise sind in der Nähe Strandkörbe, um vor dem Wind zu schützen…

Und du atmest den Geruch von Seetang ein …
und von salzigem Meerwasser …

Du hörst das leise Rauschen der Wellen …
und du hörst das Rascheln von Schilf, der in den
Dünen wächst.
Und du beobachtest den weißen Schaum, den die
Wellen im Sand hinterlassen …

Vielleicht ist es gerade Abend …
 und die Abendsonne erfüllt orangerot den Horizont.

Vielleicht ist es gerade früh am Morgen …
und Nebelschwaden ziehen noch übers die Ostsee …

Oder du lässt dich gerade wärmen von der angenehm
warmen Mittagssonne.

Alles ist genau so, wie du es dir wünscht.
Alles ist genau so, wie es gut für dich ist.

Die Sonne scheint …
und du fühlst die angenehme Wärme auf deiner
Haut.

Du spürst den leichten Wind, der vom Meer herüberzieht und ganz leicht über deinen Körper streicht.
.
Stell dir vor, wie sich der Sand anfühlt, wenn du mit
bloßen Füssen darüber gehst.
Wie der Sand sich unter deinen Zehen anfühlt …
weicher, körniger Sand

Du kannst dich jetzt hinsetzen oder dich hinlegen.

Und du genießt einfach die herrliche, natürliche Atmosphäre.
Such dir einfach einen Platz aus.
Vielleicht in einem Strandkorb …
Vielleicht unter einem Sonnenschirm …
wenn es nicht zu windig ist …
Du kannst eine Decke auslegen oder dich direkt in den warmen Sand setzen.

Und du kannst die ganze Landschaft …
und das Meer … von hier aus beobachten.

Du blickst über die Seebrücke …
Und ganz aus der Ferne hörst du jetzt das Dröhnen eines Schiffsmotors …
Vielleicht eine Fähre, die gleich an der Seebrücke anlegen wird …

Du hörst den Wellenschlag der Ostseewellen, die auf den Strand schlagen …
Vielleicht kommt jetzt stärkerer Wind auf …
Und die Wellen schlagen lauter und fester an den Sandstrand …

Du atmest die Salzkristalle ein, die in der Luft schweben …
und die sich heilend auf deiner Haut niederlassen …
die deine Atemwege reinigen …
und dich die frische Meeresbrise ganz tief einatmen lassen.

Vielleicht reicht dein Blick bis zur Strandpromenade, an der Touristen spazieren gehen …

Kinder …
Paare …
alte Menschen …
junge Menschen …
Vielleicht beobachtest du die kleinen Segelboote, die
vor dir in den Wellen schaukeln und einen Platz zum
Ankern suchen …
Leg dich hin …
oder setz dich nun auf deinen persönlichen Lieb-
lingsplatz … an deinem Strand …
und fühle, wie diese Vorstellung sich anfühlt.

Fühle, wie dein Körper sich zu entspannen beginnt.
Wie die frische, salzige Meeresluft in deine Atem-
wege strömt …
Atme jetzt tief ein …
und wieder aus.
Ganz bewußt einatmen … ausatmen …
Fühle, wie dein Inneres die Natur aufnimmt …

Du kannst jetzt vollkommen loslassen.
Nichts ist hier wichtig.

Dieser Ort ist nur dazu da, damit du dich erholen
kannst …
Damit du frei werden kannst von der Unruhe des
Alltags …

Von den vielen belastenden Gedanken, die du mit
dir herum trägst …
Von den kleinen und größeren Sorgen, die dich von
Zeit zu Zeit quälen …

Und du spürst, wie deine Gedanken immer ruhiger werden.
Und alles, was dich sonst vielleicht ein wenig zu sehr beschäftigt, erscheint auf einmal völlig unbedeutend.

Und du lauscht weiter dem Rauschen der Wellen ...
Wenn du möchtest, kannst du sogar das leise Kreischen der Möwen hören, die am Strand auf Nahrungssuche sind.

Und du spürst, wie der angenehm warme Wind deinen Körper mit neuer Energie und einer angenehmen Entspannung erfüllt.
Du fühlst, wie die Sonne deine Haut wärmt …
und wie sie deine Haut bräunt …

Du fühlst den Geruch der Sonnenstrahlen auf deiner Haut …
Und du fühlst den weichen, feinen Sand zwischen deinen Fingern.

Du spürst, wie deine Muskeln sich noch mehr entspannen … und wie ruhig …
und wie gleichmäßig deine Atmung nun ist.

Wenn du möchtest, kannst du dir auch vorstellen, wie du auf deiner Decke eine Weile einschläfst.
Du atmest dabei die herrlich frische Meerluft ein …
und wieder aus …
ein …
und wieder aus …
herrlich frische, leicht salzige Meerluft.

Und du spürst den salzigen Geschmack auf deiner Zunge.

Mit jedem Einatmen nimmt dein Körper neue natürliche Energie auf …
und mit jedem Ausatmen lässt du ein wenig mehr los und du gleitest noch tiefer in diese Ruhe und Entspannung hinein.

Und dein Körper ist jetzt doppelt so entspannt wie zu Beginn dieser Reise.
Fühle einmal in deinen Körper hinein … lass diese Gefühle in dir wirken.

Du kannst an diesem Strand so lange bleiben, wie du möchtest.
Und du kannst dort tun, was du möchtest.
Du kannst das Wechselspiel der Wellen beobachten …
Das dunkelblaue Glitzern des Meeres betrachten …
Du kannst die Fähre beobachten …
Du kannst den weichen Sand durch deine Finger gleiten lassen …
und dir die schönsten Muscheln aussuchen …
Oder du genießt einfach nur den Wind auf der Haut.
Wie er sich anfühlt …
und wie die Sonne auf der Haut riecht.

Alles ist genau so, wie du es dir wünscht.
Alles ist genau richtig für dich.

Ich werde dich nun diesen wunderschönen Ort noch einige Momente genießen lassen.

Es ist nun an der Zeit, wieder zurückzukehren von deiner Reise.
Ich werde gleich bis drei zählen.
Und bei drei öffnest du wieder deine Augen.
Und du wirst dann vollkommen wach und entspannt sein.
Die Entspannung wird in deinem Körper bestehen bleiben, auch nach Ende der Reise.

Und du wirst die angenehme Ruhe und Ausgeglichenheit in dir spüren können, die du durch diese Reise gewonnen hast.

Eins ...
Fühle, wie du wieder ganz in deinen Körper, hier in diesen Raum, zurückkehrst.

Zwei ...
Du wirst nun immer wacher.
Du bist gleich vollkommen wach ... und fühlst dich fit und erholt.
Deine Atmung, dein Puls und dein Blutkreislauf normalisieren sich nun wieder auf deine normalen Werte.

Drei ...
Öffne jetzt deine Augen ... du bist wieder vollkommen wach.

Häuschen der Erinnerungen (für Kinder)

Bei der Entspannungsreise für Kinder wird ein interaktiver Teil integriert, in dem das Kind erzählen kann, was es gerade vor seinem inneren Auge sieht.
Mit ein wenig Fantasie können Sie den Text nach Ihren Wünschen umgestalten. Es müssen nicht unbedingt Spielsachen sein, die sich im Häuschen der Erinnerungen wiederfinden.
Fragen Sie nach Filmen, die das Kind das mag.
Oder nach Urlaubsorten, nach Büchern, nach Freunden, nach Tieren.
Sie haben hier etliche Möglichkeiten, mit dem Unterbewusstsein des Kindes zu kommunizieren.
Allerdings sollte pro Reise nur ein Thema gewählt werden - zu viele Themen würden das Kind überfordern und die Aufmerksamkeit ginge schnell verloren.

Die Entspannungsreise für Kinder eignet sich auch sehr gut als Gute-Nacht-Geschichte. Dann können Sie allerdings die Ausleitung weglassen, damit das Kind in einen angenehmen Schlaf gleitet.

Je nach Alter des Kindes kann die Reise verkürzt bzw. verlängert werden.

Leg dich jetzt mal ganz locker auf diese Liege (*das Bett, die Couch*).
Mach es dir so richtig bequem …
Schüttel noch einmal deine Arme aus …
deine Beine …
Und schließ jetzt einfach nur deine Augen.

Ich möchte dich jetzt …
aber nur in deinen Gedanken …
auf eine ganz besondere Reise mitnehmen.
Dafür musst du einfach nur ganz leise sein und mir
ganz genau zuhören.
Und du wirst staunen, dass du allein mit deiner
Phantasie eine Reise machen kannst …

Versuche nun, an gar nichts mehr zu denken.
So, als würdest du einschlafen wollen.
Aber weil du ja nicht müde bist, sollst du auch gar
nicht schlafen …
sonst würdest du ja von dieser schönen Reise nichts
mitbekommen.

Und du bist jetzt sicher ganz gespannt, wohin die
Reise gehen wird.
Vielleicht wird es ein Abenteuer …
oder vielleicht ein Ausflug?

Aber du weißt ja, du brauchst nicht mehr zu reden,
du brauchst einfach nur zuhören, was ich dir erzähle.

Du liegst ganz ruhig und ganz entspannt ...
Du atmest gleichmäßig …
einatmen … ausatmen … einatmen … ausatmen …
Toll machst du das!

Und dein Kopf … und deine Schultern … die fühlen
sich plötzlich richtig leicht an.
Deine Hände und Arme sind ganz leicht.
Und deine Beine erholen sich nun vom vielen Laufen.

Dein Gesicht ist ganz entspannt …
und deine Stirn ist ganz entspannt …
und du atmest ganz ruhig.

Es gibt jetzt nichts, was dich stört …
Du fühlst dich wohl und es geht dir so richtig gut.
Und nun kann unsere Reise beginnen.

Stell dir nun vor, du läufst über eine wunderschöne
Blumenwiese.
Du spürst, wie das Gras an deinen Füßen kitzelt.
Du spürst winzige Steinchen unter deiner Fußsohle.
Und du läufst immer weiter.
Da gibt es viele bunte Schmetterlinge, die vor dir
herflattern.
Gelbe Schmetterlinge … dunkelrote Schmetterlinge
… mit großen Flügeln …
Versuch jetzt einmal, den allerschönsten Schmetter-
ling zu fangen.
Und du läufst weiter auf dieser Wiese …
immer weiter …
bis du zu einem großen Baum gelangst …
zu einer alten, mächtigen Eiche.

Und ich bin mir sicher, dass du ganz toll klettern
kannst.
Du kletterst jetzt einfach auf diesen Baum.
Und du suchst dir einen festen Ast aus, auf den du
dich setzen kannst.

Und von deinem Ast aus kannst du alles sehen, was
du willst.

Es ist schön warm hier oben und du möchtest gerne ganz lange hier sitzen bleiben.
Du kannst die Sonnenstrahlen fühlen …
und den warmen Wind, der über dein Gesicht weht.

Am Stamm des Baumes sitzen plötzlich zwei kleine Hasen.
Und auch andere Tiere kommen aus dem nahen Wald …
ein Reh …
vielleicht ein Fuchs …
du kannst dir alle Tiere vorstellen, die du magst.

Und sie kommen nur wegen dir hier hin …
an den Rand dieses kleinen Waldes …
sie wollen mit dir spielen …
Und sie sind nur für dich hierher gekommen …
damit du dich an ihnen erfreuen kannst.

Und du entdeckst nun …
gar nicht weit entfernt …
eine kleine alte Holzhütte.
Du wirst neugierig, was das wohl für eine Hütte sein könnte.
Und du kletterst nun wieder von deinem Baum herunter.
Ganz leicht geht das …
denn du kannst ja ganz toll klettern …

Und du gehst wieder ein Stückchen die Wiese entlang … bis zum Waldrand.

Und du stehst nun genau vor dieser Hütte.

Es ist eine kleine Hütte …
sie ist ganz aus Holz …
mit vielen bunten Blumen drumherum …
und mit einer kleinen dunkelroten Holzbank …
genau neben der Haustür.

Du schaust auf das Türschild und du entdeckst deinen Namen (*Namen des Kindes nennen*).

Und du öffnest nun langsam die Haustür.
Es ist eine alte Tür, schon ganz verrottet.
Und die Türangel quietscht ein wenig, weil sie schon ganz rostig ist.
Und du gehst einfach durch diese Tür …
und du fühlst dich sofort ganz wohl …
denn du gehst gerne in dieses kleine, niedliche Häuschen …
Denn es ist ja **dein** Häuschen … du weißt … **dein** Name steht an der Tür ...

Und dieses kleine Haus ist nur für dich …
Hier darfst du alles tun, was du gerne möchtest …
Du gehst jetzt durch einen kleinen Flur und dort entdeckst du eine weitere Tür …

Auch an dieser Tür befindet sich ein Schild. Darauf steht „(*Name*)'s Spielsachen".

Du öffnest diese Tür und du bist jetzt in einem Raum, in dem lauter Spielsachen von dir sind.
Hier sind ganz viele Schränke …
und alle Schränke haben Glastüren …
und sie sind von innen hell erleuchtet …

du kannst alles sehen, was sich darin befindet.
Und du entdeckst all deine Spielsachen …

Spielsachen, mit denen du gespielt hast, als du noch
ein Baby warst …
Spielsachen, mit denen du gespielt hast, als du ein
Kindergartenkind warst …
Aber auch Spielsachen, mit denen du gespielt hast,
als du in die Schule gekommen bist.
Und da sind natürlich auch die Spielsachen, mit denen du heute noch gerne spielst …
Und du entdeckst plötzlich Spielsachen, mit denen
du schon ganz lange nicht mehr gespielt hast …
weil du damals noch ganz klein warst.

Und ich werde dir jetzt ein paar Fragen stellen, und
du kannst mir ganz normal antworten, kannst ganz
normal mit mir sprechen:

**Stell dir vor, du gehst jetzt an den Schrank, in
dem die Spielsachen liegen, die du hattest, als du
noch ein Baby warst.
Sicher erinnerst du dich noch an manche Dinge,
auch, wenn es schon ziemlich lange her ist.
Erzähl mir jetzt einfach, welche Spielsachen du
siehst.**

*(Erzählen lassen, welche Spielsachen gesehen wer-
den. Fragen stellen: Welche Farbe / Mochtest du
das? / Von wem hast du es bekommen? / Gibt es das
noch? / Vermisst du das? etc.)*

Siehst du auch Spielsachen aus deiner Kindergartenzeit, als du schon ein wenig älter warst?

(Erzählen lassen, welche Spielsachen gesehen werden ... Fragen stellen: Welche Farbe / Mochtest du das? / Von wem hast du es bekommen? / Gibt es das noch? / Vermisst du das? etc.)

Vielleicht siehst du nun Spielsachen, mit denen du vor gar nicht so langer Zeit gerne gespielt hast.
Erzähle mir, welche das sind.

(Erzählen lassen, welche Spielsachen gesehen werden ... Fragen stellen: Welche Farbe / Mochtest du das? / Von wem hast du es bekommen? / Gibt es das noch? / Vermisst du das? etc.)

Und du konntest gerade erleben, wie gut du dich an Dinge erinnern kannst, die schon so lange zurückliegen.
Weil diese Dinge fest in deinem Kopf ...
also in deinem Unterbewusstsein ...
gespeichert sind.
Und du siehst, dass es sehr viel Spaß machen kann, sich Dinge zu merken ...
und dass es Spaß machen kann ...
diese Dinge einfach hervorzuholen, wann immer man es möchte.
Weil diese Dinge fest in deinem Kopf gespeichert sind.
Für immer.

Und genauso kannst du auch viele andere Dinge in deinem Kopf festhalten.

Für immer.

Wir gehen werden jetzt in Gedanken wieder aus diesem Raum herausgehen.
Und die schöne Erinnerung an deine Spielsachen nehmen wir einfach mit.
Wir speichern diese Erinnerungen in deinem Kopf einfach noch mal neu, damit du diese Spielsachen niemals vergessen wirst.

Und wir gehen jetzt wieder durch den Flur …
wir gehen zur Haustür …
und wann immer du magst, kannst du …
in deinen Gedanken …
wieder in dieses kleine Holzhaus gehen.

Wenn du in diesem Haus bist, kannst du dich an Dinge erinnern, von denen du geglaubt hast, dass du sie längst vergessen hattest.

Aber du weißt ja nun, dass du diese Dinge niemals vergisst - sie sind ganz einfach in deinem Kopf gespeichert - für immer.

Sie sind genau in diesem Holzhäuschen …
denn dies ist das Häuschen deiner Erinnerungen ….
Alles, was du erlebst und was du lernst, ist in diesem Häuschen drin.
Und wenn du dich erinnern möchtest, dann gehst du in deinen Gedanken …

einfach in dieses kleine Häuschen hinein.

Und ich zähle jetzt gleich bis drei. Und bei drei kannst du deine Augen wieder öffnen.

Eins
Du wirst ganz langsam wieder wach. Streck dich mal aus ... streck deine Arme ... und deine Beine

Zwei
Du wirst dich gleich ganz gut fühlen ... und du bist ganz fit und gar nicht müde ... weil dein Blutdruck und dein Puls wieder so sind, wie sie normalerweise sind.

Drei
Du kannst stolz auf dich sein, dass du so toll mitgemacht hast. Mach jetzt einfach deine Augen auf.

Nachwort

Liebe Leserinnen, liebe Leser!
Ich hoffe, ich konnte Ihnen in diesem Buch vermitteln, wie leicht und angenehm es ist, eine leichte Trance für eine Traumreise herzustellen.

Sollte es nicht auf Anhieb geklappt haben … macht nichts … versuchen Sie es einfach erneut. Es ist völlig normal, wenn sich zu Anfang die Gedanken noch im Kreis drehen. Vielleicht wählen Sie beim nächsten Mal einen günstigeren Zeitpunkt, an dem Sie Ihre Fantasie einfach schweifen lassen können.

Weisen Sie Ihren Erzähler darauf hin, falls er zu schnell oder zu laut gesprochen hat. Auch der Erzähler muss erst in seine Rolle hineinfinden. Wenn die Reise von beiden Seiten ernst genommen wird, gibt sich dieses Problem von selbst.

Wechseln Sie die Rollen – so erkennen Sie die jeweiligen Schwachpunkte viel besser.

Und außerdem – Sie müssen sich nicht starr an das vorgegebene Skript halten. Sie können jederzeit Passagen weglassen oder neue (eigene) hinzufügen.
Sie kennen die Vorlieben und Abneigungen Ihres Gegenübers am besten!

Experimentieren Sie ruhig ein wenig – Sie können nichts falsch machen!

Ihre Kerstin Ursula Lang

Ich freue mich über einen Besuch auf meiner
Homepage

www.kerstin-ursula-lang.de